소크라테스

교과서에 나오는 위대한 인물
소크라테스

펴낸날 2006년 7월 20일 1판 1쇄
      2012년 10월 23일 1판 6쇄

글|이효성

그림|한미경

펴낸이|강진균

펴낸곳|삼성당

편집 주간|강유균

기획|변지연

편집|조정민, 김지현

디자인|비짜루

마케팅|변상섭, 나윤미

온라인|문주강

제작|강현배

주소|서울 강남구 논현동 101-14 삼성당빌딩 9층

대표 전화|(02)3443-2681

팩스|(02)3443-2683

홈페이지|www.ssdp.co.kr

쇼핑몰|www.ssdmall.co.kr

등록번호|제2-187호(1968년 10월 1일)

ISBN 978-89-14-01566-2 (73990)

· 이 책은 저작권법에 따라 보호받는 저작물이므로 무단전재와 무단복제를 금지하며,
  이 책 내용의 전부 또는 일부를 이용하려면 반드시 (주)삼성당의 서면 동의를 받아야 합니다.
· 파본은 바꾸어 드립니다.

소크라테스

글·이효성 그림·한미경

삼성당

펴 / 내 / 며

요사이 우리 어린이들은 학교 공부와 학원 공부를 병행하면서 틈틈이 책도 읽어야 하고, 친구들과 신나게 뛰어놀기도 해야 한다. 게다가 컴퓨터 게임을 비롯한 각종 오락들이 발달하여 어린이들을 유혹한다.

이렇게 어린이들은 점점 더 하고 싶은 일과 해야 할 일들의 홍수 속에서 살아가고 있다. 그러나 한편으로 어떤 어린이나 마음만 먹으면 책을 접하고 읽을 수 있는 세상이다.

어린 시절에 좋은 책을 가까이 한다는 것의 중요성은 아무리 강조해도 지나치지 않다.

특히 인터넷과 영상 문화가 고도로 발달한 현대는 단편적으로 습득한 얄팍한 지식보다는 사회와 역사를 바르게 보는 눈을 필요로 할 뿐만 아니라 읽고, 쓰고, 생각하는 능력을 점점 더 요구하고 있다.

따라서 오늘날의 어린이들에게는 앞날에 대한 자신의 목표를 세우고 꿈을 키워 갈 수 있도록 이끌어 주는 위인 전기의 의미가 한층 더 중요하다. 위인들의 삶 속에는 큰 뜻을 펼치는 포부와 자라면서 겪어야 했던 시련과

고통, 이를 이겨 내고 빛나는 업적을 이루기까지의 과정이 생생하게 담겨 있기 때문이다.

〈교과서에 나오는 위대한 인물〉은 21세기 문화의 시대를 살아 가는 어린이들에게 본보기가 될 수 있는 위인들을 선정하고, 역사적 사실에 기초한 고증으로 내용에 충실을 기했다.

다양한 시각 자료와 본문 내용에 따른 삽화 구성, 내용의 이해를 돕기 위한 학습 도움말과 생생한 컬러 사진, 그리고 역사적 사건과 용어들을 설명해 주는 공부방 등으로 구성하여 어린이들이 쉽고 재미있게 읽을 수 있도록 배려했다.

이 책이 미래 사회의 주인공인 어린이들의 가슴에 지혜와 사랑, 용기와 신념을 심어 주는 길잡이가 될 수 있기를 바란다.

소크라테스 ✳ Socrates ✳

석공의 아들 8

세계 4대 성인의 한 사람이요, 인류의 스승으로
일컬어지는 소크라테스가 태어난 것은 기원전 469년이다.
그는 아테네의 아로페케라는 곳에서 태어났다.

소문난 악처 28

소크라테스가 아내 크산티페와
결혼한 것은 쉰 살 때이다.
소크라테스와 크산티페의 나이 차이는
스물다섯 살이나 되었다.
그러나 그 시대에는 그런 정도의 나이 차이는
아무 문제도 되지 않았다.

너 자신을 알라 48

델포이의 신전은 까마득히 솟은 파르나소스 산정에 우뚝 서 있었다. 그 신전에서 밑을 내려다보면 그리스의 시가지가 한눈에 들어왔다.

바구니에 담긴 소크라테스 74

오랫동안 아테네를 다스리던 페리클레스는 펠로폰네소스 전쟁에서 죽은 병사들의 추도식 연설을 통해 다음과 같이 민주 정치를 자랑했다.

법정에서의 변론 94

소크라테스는 민주파의 수령 아뉘토스와 변론가 뤼콘을 등에 업은 멜레토스라고 하는 청년에 의해 고발당해 아테네의 법정에 섰다.

석공의 아들

　세계 4대 성인의 한 사람이요, 인류의 스승으로 일컬어지는 소크라테스가 태어난 것은 기원전 469년이다.
　그는 아테네의 아로페케라는 곳에서 태어났다.
　아버지는 소프로니스코스라는 사람으로 돌을 쪼아 예술품을 만드는 조각가라고도 하고, 단순히 돌을 다듬는 석공이라고도 전해지고 있지만 확실한 것은 잘 알려져 있지 않다.
　어머니 파이나레테는 산모의 출산을 도와 주는 산파였다.

이처럼 서로 다른 기질과 직업을 가진 부모에게서 태어난 소크라테스는 평생 동안 천하에 둘도 없는 가난뱅이로 살았다.

소크라테스가 태어난 아로페케 마을은 아테네 동쪽의 한가한 교외에 있었다.

아테네의 재산가로 손꼽히던 크리톤도 이 곳 출신으로 크리톤은 소크라테스와 어릴 때부터 친한 친구 사이였다.

그래서 크리톤은 소크라테스의 신변에 무슨 일이 생길 때마다 따뜻한 마음과 적극적인 태도로 도와 주려고 애썼다.

그리고 자기 자식들의 교육에 관해서도 소크라테스에게 언

아테네 시가지와 아크로폴리스 언덕

페르시아 제국의 수도였던 페르세폴리스의 유적

제나 상의하고 조언을 구했다.

그러나 소크라테스는 친구들로부터 경제적 도움을 받거나, 의지한 적은 일생 동안 단 한 번도 없었다고 한다.

소크라테스가 태어나던 기원전 469년은 아테네가 페르시아 군을 해전에서 물리친 지 11년째가 되는 해이다.

또 솔론이 법을 만들어 기초가 이루어진 아테네의 민주 정치가 페르시아 전쟁의 시련을 넘어서 겨우 황금 시대를 맞이할 무렵이었다.

그 당시 아테네는 아티카의 수도였을 뿐만 아니라, 전쟁을 치른 뒤 결성된 2백 개가 넘는 델로스 동맹국의 으뜸가는 국가로 군림하고 있을 때였다.

큰 제국이 된 아테네는 지중해의 군사, 정치, 경제의 중심지가 되었다. 그리하여 수많은 지식인들이 아테네로 몰려들었다.

당시 유명한 철학자들로는 밀레투스 학파의 헤라클레이토스, 크세노파네스 등이 있었다.

그리고 제논의 스승인 파르메니데스가 그의 사상과 이론을 전개하기에 한창 바빴던 때였다.

이 무렵 철학자들의 활동 무대는 대개 이오니아 지방과 이탈리아 지방에 있었으므로, 두 지방의 중간에 있는 아테네는 철학자들이 나타나지 않았다.

그러나 세계의 여기저기에서는 많은 변화가 일어나는 가운데, 대사상가나 종교가들이 나타나 활동하고 있었다.

예를 들면 중국에서는 도가의 시조인 노자가 있었고, 자이나교를 세운 인도의 마하비라와 유태 교의 예레미야 등이 나타나 활발히 활동했다.

그 후에 예수, 공자, 석가모니, 소크라테스의 시대가 되었다.

이들은 각기 다른 운명과 환경에서 태어났음에도 불구하고,

그들이 열어 놓은 위대한 사상은 오늘날까지 동서양을 막론하고 수많은 사람들의 생각과 삶에 지대한 영향을 주고 있다.

또한 기이한 사실은 이 성인들은 태어난 지역은 달라도 거의 같은 시대에 살았다는 점이다.

다만 예수가 크리스트 교를 열었고, 석가모니*가 불교를 열었는가 하면, 공자는 유교를 전파했음에 비해, 소크라테스는 오직 학문의 길만 닦았던 점이 다르다고 할 수 있다.

소크라테스가 훗날 철학자가 된 데에는 그의 어머니가 커다란 영향을 끼쳤다고 볼 수 있다.

그의 어머니가 갓 낳은 아기를 돌봐 주었듯이, 훗날 소크라

학습 도움말

석가모니
(기원전 563~기원전 483)
불교의 창시자. 태어나고 죽은 연대는 정확하지 않다. 오랜 고행 끝에 깨달음을 얻고 사람들을 올바르게 인도하는 일에 일생을 바친 위대한 성인이다.

석가모니의 발자국 흔적

테스도 아테네의 곳곳을 돌아다니며, 사람들이 삐뚤어진 생각을 버리고 올바른 생각을 갖도록 보살피고 돌봐 주었다.

소크라테스는 이런 자신을 스승이 아니라 일종의 산파라고 여겼던 것이다.

그 당시 보통 사람들은 스승이란 제자에게 지식을 전달하는 사람이라고만 생각했다.

그러나 산파는 낳은 아기를 받아다가 산모에게 돌려 주는 것이 아니라, 아기를 낳는 산모를 도와 주는 것이라고 소크라테스는 말했다.

소크라테스는 생각하기를 어떤 의견을 가진 사람은 아기를 잉태한 산모와 같고, 깊이 생각해서 나온 의견은 새로 태어난 아기와도 같다고 여겼다.

"내가 하는 일은 남에게 지식을 전달하는 것이 아니라, 상대방의 문제점을 지적하여 다시 생각해 보도록 하는 것이다."

흔히 사람들은 모르는 것을 물으면 묻는 것에 대하여 대답해 주지만 소크라테스는 달리 대답했다.

"스승님, 닭이 먼저입니까? 달걀이 먼저입니까?"

"그럼, 사과가 먼저냐, 사과씨가 먼저냐? 포도가 먼저냐? 포도씨가 먼저냐?"

소크라테스는 이렇게 직접 대답하지 않고 항상 물어 본 사람에게 다시 질문만 했다.

상대방에게 질문하여 답이 나오면 그 답에 대하여 다시 질문을 했다.

이와 같이 질문과 대답을 같이하면서 하나의 문제를 검토하고 해결해 나갔던 것이다.

소크라테스는 이러한 문답 방법을 '산파술'이라고도 하고, 또 '변증법'이라고도 했다. 그런가 하면 항상 생각하는 것마저 자기 자신과의 문답이라고 했다.

어느 날, 소년 소크라테스는 아버지인 소프로니스코스를 따라 일터로 놀러 갔다.

"애야, 위험한 곳에 무엇 하려고 따라왔니? 돌조각이 튀면 위험하니 조심하거라."

커다란 돌기둥 앞에서 서성이고 있는 소크라테스를 발견한 아버지는 깜짝 놀라면서 말했다.

"어서 집으로 돌아가거라!"

"괜찮아요, 아버지."

"녀석도! 뭐가 볼 게 있다고 여기까지 왔니?"

같이 일하는 사람들도 걱정하며 거들었다.

"애야, 아버지 말씀대로 해라!"

그러나 소크라테스는 아버지의 곁을 떠나지 않고 돌을 쪼개는 모습을 조용히 지켜보았다.

아버지는 구슬 같은 땀을 흘리면서도 돌을 다듬는 일을 쉬지 않았다.

돌을 깎고 다듬는 사람은 아버지뿐만 아니었다.

여러 사람들이 망치와 정을 들고 열심히 돌을 다듬고 있었다. 소크라테스는 아버지를 비롯한 많은 석공들이 일하는 모습을 유심히 지켜보았다.

'어찌하면 저렇게 거칠고 딱딱한 돌덩이가 사람들의 손을 거쳤다 하면 이다지도 아름답고 고운 모양으로 변할까?'

소크라테스의 어린 마음에는 알 수 없는 신비감이 가득 차올랐다. 그는 깊은 생각에 잠긴 채 석공들의 돌 다듬는 모습을 계속 지켜보았다. 그리고 그는 석공들의 일하는 모습과 만들어진 작품에서 스스로 생각하고 해답을 이끌어 갔다.

'그렇다! 아름다움은 이 세상에 많이 널려 있는 돌덩이 속에

숨어 있는 것이 아니라, 석공들의 마음 속에 있는 것인지도 모른다. 석공들의 아름다운 마음이, 그리고 최고의 작품을 만들고자 하는 최선의 노력이 거친 돌덩이에 새겨져 저렇게 고운 물건으로 변하는 것이 아닐까?'

그리하여 소크라테스는 자기 자신과 대화를 할 때에도 항상 최선의 노력으로 최고의 길을 찾고자 애를 썼다.

소크라테스가 찾고자 하는 최선의 진실은 돌이나 나무 같은 물건에 있지 않았다. 오직 사람의 마음과 정신과 영혼 속에 있다고 보고 거기서 진실을 찾으려 했다.

그래서 자연과 육신을 돌보기보다는 영혼을 돌보는 데 힘을 쏟았다.

그리고 그런 것에 대한 노력은 소크라테스의 청년 시절에서 더 많이 발견할 수 있다.

소크라테스는 스무 살이 되면서 자연 철학을 탐구하는 데 큰 관심을 보였다.

그리고 아리스토파네스가 쓴 〈구름〉이란 희곡에도 잘 묘사되어 있듯이, 소크라테스의 왕성한 학문적인 호기심은 청년 시절에 발동하기 시작했다고 볼 수 있다.

기원전 432년 페리클레스 시대에 건설한 파르테논 신전

소크라테스는 단순한 실천가가 아니었다.

아테네에서는 보기 드문 학자로 일컬어졌다.

그는 보통 사람으로는 상상도 할 수 없는 깊은 지식을 가진 사람으로 아테네 국민들의 눈에 비쳤다.

아테네의 국력은 그 무렵에 최전성기를 맞고 있었다.

그리하여 얼마 뒤에는 아크로폴리스의 언덕 위에 파르테논 신전을 짓기 위한 석공들의 망치 소리가 밤낮을 가리지 않고 울려 퍼졌다.

그리고 다시 5년 뒤인 기원전 444년, 아테네는 남이탈리아에 있는 새 도시인 투리오이의 건설에 힘을 쏟았다. 그리고 그 해를 중심으로 유명한 학자들이 아테네에서 활동하기 시작했다.

시칠리아 섬의 아크라가스에 있는 엠페도클레스, 이탈리아의 엘레아에 있는 파르메니데스의 제자 제논 등의 쟁쟁한 학자들과, 교육자들로는 소피스트의 활동이 두드러졌다.

그들 소피스트 가운데 프로타고라스는 투리오이의 건설을 계기로 헌법 기초의 책임자가 되어 그 이름을 날리고 있었다.

소크라테스는 서른일곱 살이 되었을 때, 아테네 군으로 참전하여 전쟁터에 나갔다.

북부 발칸의 한 도시 국가였던 포테이다이아가 아테네에 반항해 왔기 때문이다.

소크라테스가 전쟁터에 나아가 포테이다이아 군과 싸움을 할 때는 추위가 대단했다.

"이건 적과의 전쟁이 아니라 완전히 추위와의 전쟁이군."

"어유, 춥다. 추워!"

병사들이 모두 추위에 떨고 있는데 소크라테스만은 춥지 않은 듯 혼자 다른 행동을 하고 있었다.

"저기를 봐! 저 친구는 눈과 얼음 위를 맨발로 다니네."

"소크라테스는 추위도 안 타나?"

"우리는 옷을 껴입고도 다리에 모피와 천을 두르지 않고는 못 나가는데……."

소크라테스는 눈과 얼음이 뒤덮인 전쟁터를 거리낌없이 맨발로 다녔다.

그런 모습을 본 병사들은 인내심이 없는 자들을 비웃으려고 쓸데없는 짓을 하는 것이라고 말하는 이도 있었다.

그러나 사실 그 전쟁터에서 소크라테스가 한 행동은 많은 사람들에게 용기와 인내심을 불어넣어 주었다.

소크라테스의 행동은 그뿐만이 아니었다.

배고픔을 참는 데 있어서도 그 어떤 사람보다 나았다.

당시 군대에는 식량이 모자랐다. 그래서 군인들 중에는 배고픔을 참지 못해 쓰러지는 사람이 많았다.

그러나 소크라테스는 며칠을 굶고도 지친 기색이라고는 전혀 보이지 않았다.

또한 그는 술을 좋아하지 않았지만, 남이 권할 때에는 많은 양을 사양하지 않고 마셨다. 그러나 단 한 번도 취하여 비틀거린 적이 없었다.

소크라테스는 모든 행동이 보통 사람들과는 확실히 달랐다.

포테이다이아와의 전쟁 후 다시 27년간이나 계속되는 펠로폰네소스 전쟁을 겪으면서 아테네의 전성기도 고개가 꺾이기 시작했다.

그 내리막길 무렵부터 소크라테스의 학문은 자연 연구에 대한 관심을 버리고 도덕상의 문제에 관심을 쏟기 시작했다.

소크라테스는 거리나 공원 또는 김나지움이라고 하는 체육장 등에 나타나 사람들과 대화를 나누었다.

그는 사람을 만날 때마다 인간의 올바른 삶에 대한 방법을 문답식으로 대화했다.

소크라테스는 이상하게도 수많은 청년들에게 영향을 끼쳤다.

청년들이 '이 세상에 소크라테스보다 현명한 사람은 없다.'라고 할 정도로 소크라테스는 많은 사람들에게 인기가 있었다.

그렇게 인기가 있었던 것은 지혜를 추구하고 인간의 영혼을 사랑했기 때문이다.

그런 소크라테스였지만 생김새는 참으로 볼품 없었다.

몸은 작달막했고, 얼굴은 접시를 엎어 놓은 것과 다를 바가 없었다. 또 코는 말안장코 같고, 눈은 툭 튀어나온데다가, 입은

가로 길이가 길고 입술이 두꺼웠다.

  그런 체구에다 언제나 남루한 옷을 걸치고 다니면서 아테네의 어느 곳에든 나타났다. 눈알을 커다랗게 굴리며 오만한 걸음걸이로 돌아다녔던 것이다.

  그래서 거리를 걸어가는 뒷모습만 보고도 소크라테스임을 금방 알 수 있었다. 그는 참으로 기이한 사람이었다.

소크라테스를 유별나게 좋아했던 알키비아데스란 정치가는 소크라테스를 제2의 실레노스라고 말했다.

실레노스는 그리스 신화에 나오는 작은 신을 일컫는다.

"자, 비교해 보십시오! 석공들이 빚어 놓은 실레노스 상과 똑같지 않은지 말입니다. 사람 됨됨이나 이야기하는 모습까지 보십시오!"

그러고도 모자라서 알키비아데스는 소크라테스를 찾아가 직접 말했다.

"당신은 분명히 실레노스와 닮았소. 당신도 닮지 않았다고는 말하지 못하겠지요."

"정말! 붕어빵일세."

소크라테스도 닮은 사실을 시인했다.

'정말 나와 닮은 것 같군.'

소크라테스는 육체나 돈 같은 물질보다 마음과 영혼에 정성을 기울이지 않으면 안 된다고 말했다.

"물질보다 마음과 영혼에 정성을 기울여야 하네. 영혼을 돌본다는 것은 곧 지혜를 추구하고 사랑하는 것이라네. 그래야만 인간들이 영혼을 순결하게 지니고 살 수 있으니까."

"선생님은 삶의 목표가 무엇입니까?"

"나는 일생을 참다운 철학자가 되기 위해 노력할 것이고, 또 그렇게 살아갈 걸세."

그리스에서 맨 처음 철학을 이야기한 사람은 피타고라스였다. 피타고라스는 수학자이면서 천문학자이고, 종교가인 동시에 철학자였다.

그는 소크라테스보다 1세기 전에 살았다.

피타고라스는 자기를 '지혜가 있는 사람'이라고 여기지 않았고, '지혜를 사랑하는 사람'이라고 말했다.

소크라테스도 피타고라스와 같은 생각으로 말했다.

"나는 지혜가 없다는 것을 나 스스로 알고 있다. 단지 지혜를 사랑하고 있을 뿐이다."

그렇게 생각하는 이유로 다음과 같이 설명했다.

"신처럼 지혜가 있는 자는 지혜를 사랑하거나, 그것을 알아보려고 하지 않습니다. 지혜를 더 가질 필요가 없기 때문이지요. 반대로 무식한 사람도 지혜를 사랑하지 않습니다. 그런 사람은 자기가 무식하다는 것도 모르고 살아가기 때문입니다. 사람들은 자기에게 없는 것을 찾게 마련입니다. 지혜가 없는 자가 지혜를 찾게 됩니다. 철학자는 지혜가 없는 자와 있는 자의 사이에 있습니다. 그래서 자기에게 지혜가 없음을 깨닫고 지혜를 사랑하며 찾게 됩니다."

이와 같이 소크라테스는 '지혜가 없는 사람으로, 지혜를 사랑하는 사람'으로 살았다.

소크라테스는 철학을 묻고 답하는 방법으로 자신이 모르는 것을 깨달아 그것을 익혀 나갔다.

소크라테스는 거리를 활보하며 사람을 만날 때마다 '문답법'으로 질문을 계속해서 그들이 가진 생각이 잘못되었다는 것을 알게 했다.

즉 사람들이 자기 자신은 아무것도 모르고 있다는 것을 깨우치도록 질문했던 것이다.

그래서 그들이 그 때까지 가졌던 편견을 버리도록 하여 새로운 진리를 찾도록 해 주었다.

그 때 소크라테스의 나이는 마흔 살이었다.

공부방

그리스 신화

고대 그리스 인들이 자신들의 신, 영웅, 우주의 본질, 고유한 종교 의식과 관련하여 발달시킨 신화와 이야기를 일컫는다. 그리스 신화는 매우 다양한 소재를 다루고 있는데 이를 나누어 보면, 일부 이야기는 영원한 신들의 이야기를 다룬 종교적 신화이며, 나머지는 역사적이라고 할 수 있는 사건으로부터 빌려온 이야기로 전설이라고 말할 수 있다.

오늘날 그리스 신화는 주로 그리스 문학 작품을 통해서 알려져 있다. 지금까지 알려진 것 가운데 가장 오래 된 문학 작품인 호메로스의 〈일리아스〉와 〈오디세이아〉는 트로이 전쟁을 둘러싼 사건들과 올림포스 산정에 있는 신들의 세계에서 벌어지는 일에 초점을 맞추고 있다.

그리스 인들은 신화가 신성하거나 영원한 진리를 나타내고, 전설(또는 영웅의 무용담)은 역사에 근거한 이야기라고 생각했다. 따라서 트로이 전쟁처럼 서사시로 묘사된 유명한 사건이 실제 있었으며, 호메로스의 시에 나오는 주인공들을 실존 인물로 여겼다.

그리스 신화는 많은 연극 작품을 비롯해 그리스 시와 서사시의 주제를 이루었으며 철학자와 역사가의 사상에도 큰 영향을 주었다.

아폴론

피타고라스(기원전 580?~기원전 500?)

   그리스의 철학자이자 수학자이다. 그가 창설한 피타고라스 승려회는 본래 종교 모임이지만 플라톤과 아리스토텔레스 사고에 영향을 준 원리를 이루었고 수학과 서구 합리 철학의 발달에 기여했다.

   피타고라스는 기원전 532년경 남부 이탈리아로 옮겨 갔는데 그 곳에서 그는 크로톤(지금의 크로토네)에 도덕·정치 아카데미를 세웠다.

   피타고라스의 가르침을 그의 제자들의 것과 구별하기는 어렵다. 그의 저작 가운데 남아 있는 것은 전혀 없으며, 제자들은 스승의 권위를 인용해 자신들의 교리를 정당화하려 했다.

   그러나 일반적으로 피타고라스는 객관 세계 및 음악에서 수가 갖는 기능적 중요성에 관한 이론의 창시자로 알려져 있다. 종종 그의 이름과 결부되는 그 밖의 발견들(예를 들면 정사각형의 변의 길이와 대각선 길이의 약분 불가능성 및 직각 삼각형의 피타고라스 정리 등)은 아마도 피타고라스 학파의 제자들이 나중에 밝혀 낸 것인 듯하다.

   더 나아가 피타고라스 자신에게서 직접 나온 지성적 전승의 대부분은 과학적 학문이라기보다는 신비주의적 지혜에 가깝다.

피타고라스

소문난 악처

소크라테스가 아내 크산티페와 결혼한 것은 쉰 살 때이다.

소크라테스와 크산티페의 나이 차이는 스물다섯 살이나 되었다. 그러나 그 시대에는 그런 정도의 나이 차이는 아무 문제도 되지 않았다.

소크라테스가 훗날 일흔 살이 되어 사형 선고를 받았을 때는 세 아들과 두 딸이 있었다.

세상 사람들은 소크라테스의 아내를 매우 악한 여자라고 말한다. 그것은 크세노폰의 〈향연〉 중 '소크라테스의 회상'에 크산티페에 관한 이야기를 써 놓았기 때문이다.

후세 사람들은 그것을 근거로 소크라테스의 아내 크산티페가 거칠고 험하기 짝이 없는 아내라고 나쁜 평을 많이 했다.

그러나 실제로는 그것이 너무 과장되어서 전해졌다.

그것은 남편인 소크라테스가 사형을 당하게 된 불행에 대해 밤잠을 자지 않고 눈물을 흘리며 울었다는 것만 보아도 알 수 있다.

어쨌든 소크라테스의 아내가 악처라는 소문이 난 것은 소크라테스에게도 책임이 있었다. 항상 누추한 옷을 입고 다녔기 때문이기도 하다.

"저 옷차림 좀 봐! 영락없는 거지 중에 상거지야. 쯧쯧, 불쌍해라. 소크라테스의 아내는 빨래도 해 주지 않나?"

사람들은 소크라테스가 지나가면 이렇게 수군거렸다.

"빨래가 다 뭐야? 밥도 주지 않는데. 어쩌다 그런 악처를 만나 저 꼴이람."

소크라테스는 언제나 남루한 옷을 입고 아테네 거리를 다니며 사람들을 만나면 자신의 생각을 얘기했다.

"정신을 바르게 갖고 최선을 다하십시오."

"내 걱정은 말고, 당신 걱정이나 하시오! 기가 막혀서, 자기 주제 파악도 못하는 사람이……."

"글쎄 말이야. 거지 차림을 하고서는……."

소크라테스는 이처럼 모든 사람들에게 항상 생각하는 사람이 되도록 유도했으나 자주 비웃음을 사기도 했다.

"그럼, 정신을 바르게 갖고 최선을 다하는 방법은 무엇이오?"

"그것은 생각을 거듭하는 것이오."

어느 날, 소크라테스는 노예를 부리는 한 주인을 만났.

주인은 소크라테스를 만나자 불평을 했다.

"아이고 피곤해! 이래 가지고서야 어찌 일을 시켜 먹을 수 있어야 말이지요?"

"당신은 하인과 함께 일을 했소?"

"함께 하지는 않았소."

"그럼, 일은 누가 했소?"

"그야 하인이 했지요."

"일을 시키는 것과 일을 하는 것 중 어느 것이 더 힘이 들 것

같소?"

"물론 일하는 편이겠죠. 만약 일을 내가 했더라면 쓰러졌을 것이오."

"그렇다면 그 하인은 당신보다 더 피곤하지 않겠소?"

"그렇겠지요. 하지만 그는 나의 하인이니까요."

"하인이나 당신이나 똑같은 사람이 아니오?"

그는 그 당시에 벌써 인간의 평등을 주장하고 있었다.

또 어느 날은 '용기'에 대해서 청년 라케스와 대화를 가졌다. 소크라테스는 라케스에게 물었다.

"용기란 무엇이지?"

"적과 싸울 때 물러나지 않는 것입니다."

"전쟁에 이기기 위한 후퇴는 어떤가? 즉 말하자면 작전상 후퇴 말일세."

"필요할 땐 어쩔 수 없겠지요. 또한 용기는 어려움을 참아 내는 것입니다."

"무조건 참기만 하면 그것이 용기일까?"

"분별력 있는 극기이면 용기가 되겠지요."

"어떤 분별?"

"만약 돈만 버는 일에 분별 있는 극기심을 가졌다면 그것도 용기인가?"

이런 대화는 라케스가 좀더 생각을 거듭해야 한다는 것을 알게 했다.

"그건 아닙니다. 절대로요."

"그럼, 무엇인가?"

그렇게 아테네 거리를 돌아다니기만 한 소크라테스인지라

가정이 어떤가는 전혀 알지 못했다.

사람들을 만나 이야기하는 것 외에는 그 어떤 것에도 관심이 없었다.

소크라테스의 관심은 오직 아테네 시민이 훌륭한 생각과 정신을 올바르게 갖도록 하는 것뿐이었다.

집안일은 아예 돌볼 생각조차 하지 않았다. 아내와 아이들에게도 무관심했다.

그렇게 되자 아내 크산티페도 소크라테스에게 불평하지 않을 수 없었다.

그래서 세상 사람들은 소크라테스의 아내 크산티페를 나쁘게 말했다.

"크산티페는 천하에 둘도 없는 사나운 아내다."

"소크라테스의 아내는 이 세상 어떤 남자도 다룰 수 없는 나쁜 여자다."

"소크라테스의 아내는 악처 중의 악처다."

그렇게 말하는 사람들은 두말 할 것도 없이 남자들뿐이었다.

그러나 크산티페가 볼 때는 소크라테스야말로 형편없는 남편이었다.

그렇지만 이들 부부 사이는 남들이 말하는 것처럼 그렇게 나쁘지는 않았다.

어쨌든 소크라테스의 아내에 대해서 다음과 같은 일화가 전해져 내려온다.

어느 날이었다.

어쩌다가 소크라테스가 일찍 집에 돌아왔다. 그러나 방에서 무엇을 골똘히 생각하고 있을 뿐 바깥은 내다보지도 않았다.

마당에는 그의 아내가 남의 집에 가서 일을 해 주고 얻어 온 곡식이 멍석에 널려 있었다.

집에는 소크라테스와 어린 딸만 있었다. 그런데 갑자기 소나기가 내려 마당에 널어 둔 곡식이 비에 젖거나 씻겨 내려갔다.

그러나 소크라테스는 아랑곳하지 않고 방 안에 앉아서 무슨 생각을 골똘히 하고 있었다.

일하러 나갔다 돌아온 아내 크산티페는 어처구니가 없었다.

찢어질 듯한 가난 속에 살면서 겨우 품을 팔아 구해다 놓은 곡식이 다 떠내려가도 가만히 앉아 있는 남편이 너무 괘씸하고 얄미웠던 것이다.

크산티페는 잔소리를 늘어놓았다.

그러다가 대야에 물을 가득 떠서 방으로 들어가 소크라테스의 머리에다 뒤집어씌웠다.

"이크, 차가워!"

그러나 소크라테스는 태연히 말했다.

"아까는 천둥이 치며 소나기가 오더니, 이젠 크산티페의 잔소리가 한바탕 비를 뿌리는구나."

그렇게 아버지가 어머니로부터 자주 당하는 것을 본 아들이 어느 날 소크라테스에게 말했다.

"어머니의 거친 성질은 아무도 참지 못할 거예요."

"얘야! 맹수의 사나움과 어머니의 사나움을 비교한다면 어느 것이 더하겠느냐?"

"어머니가 훨씬 더할 거예요."

"하지만 다르게 생각해 보렴. 내가 네 어머니로부터 단 한 번이라도 할퀴거나 물어뜯긴 적이 있었니?"

"그런 일이야 없었지만 너무 심하잖아요!"

"심하다니! 맹수에게 물어뜯긴 사람이 얼마나 많은데 그러니? 네 어머니가 물어뜯고 할퀴는 것을 단 한 번이라도 보았느냐?"

이렇게 타이르자 아들은 할 말이 없어 입을 다물고 말았다.

이렇게 볼 때, 소크라테스의 아내가 사나웠던 것도 사실인 듯하지만, 소크라테스가 가정에 충실치 못했던 것도 사실인 것 같다.

소크라테스는 자기 가족을 먼저 생각하거나, 자기 재산을 늘리려고 해서는 안 된다고 여겼다. 그런 생각은 남을 위하기보다 자기만 생각하는 이기심을 기르기 때문이라고 생각했다.

소크라테스의 아내 크산티페는 소크라테스의 도움 없이 혼자 살림을 잘 꾸려 나갔다.

세상에 둘도 없는 악한 아내란 소문을 들으면서도 크산티페는 충실한 아내요, 아이들의 훌륭한 어머니 역할을 잘 해냈다.

그 아내에 그 소크라테스였지만, 모두 훌륭한 아테네의 한 시민이었음은 두말 할 나위도 없었다.

자연과 인간의 삶을 신화로만 설명하고 이해하려던 생각은 철학자들이 새로운 세계관을 갖기 시작하면서부터 서서히 바뀌기 시작했다.

그 발상지는 소아시아에 세운 도시였다. 그 곳은 동양의 문화가 서양으로 전파되는 길목이었기 때문이다.

그들의 문화는 주로 낙타를 몰고 다니며 장사를 하는 아시아 대륙의 대상*들에 의하여 전파되었다.

장사꾼들이 실어다 준 동양의 문화는 다시 이오니아*의 항구에서 배로 운반되었다.

그렇게 해서 아시아의 발전된 문화는 그리스로 옮겨졌다.

"야, 동양의 물건들은 정말 신기하구나."

그로 인해 이오니아는 그리스 문화의 발상지, 나아가 서양 문물의 요람지가 되었다.

동양 문화가 본격적으로 들어오기 전 그리스 사람들은 동양 사람을 보고 이렇게 생각했다.

대상
사막이나 초원과 같이 교통이 발달하지 못한 지방에서 무리를 지어 여행하는 상인. 캐러밴이라고도 한다. 대오를 짜 코끼리나 낙타 또는 말을 사용하여 물품을 나르는 교역 단체이다.

사막을 횡단하는 대상 행렬

"무슨 옷이 저렇게 생겼을까?"

"동양에서 건너온 최신 유행복이래."

"이 세상 모든 만물은 올림포스 신들이 만드신 거야."

그러나 동양의 문화가 전파되면서 그리스 문화는 크게 변하기 시작했다.

"그렇다면 이 자연을 지배하는 것은 무엇일까?"

"자연의 근본은 물이로다."

"아니오, 그것은 바로 불이오."

"천만에, 나는 자연의 근본을 원자로 본다네."

즉, 만물을 지배하는 것은 신이 아닌 다른 것에 있다고 생각

이오니아

소아시아 서쪽 지중해 연안 및 에게 해에 맞닿아 있는 지방의 옛 이름. 현재 터키의 일부로 기원전 10세기에 고대 그리스의 한 종족인 이오니아 인이 옮겨 와 12개의 식민지를 건설하고 약 400년간 번영했으며, 이오니아 학파는 고대 그리스 문화 형성에 크게 이바지했다.

이오니아 양식의 기둥

하고 그것을 찾기 시작했다.

물을 자연의 근본일 거라고 생각한 학자들은 그 물이 얼음이거나 물이거나 수증기이거나 간에 그 모양의 상태만이 다를 뿐이지 그 본래가 물임에는 틀림이 없다고 생각했다.

또 자연의 근본을 불이라고 생각한 학자들은 물질이 탈 때 보이는 불은 그것을 타게 하는 불이란 힘이 다른 형태로 변하게 할 뿐이라고 생각했다.

즉 모든 자연의 근본은 불이며, 그 불이 나무 따위를 태워서 재를 만들거나 다른 것으로 변하게 할 뿐이라는 것이다.

자연을 '원자'라고 생각한 학자들은 모든 자연은 아주 작은 원자란 알맹이로 되어 있는데, 너무 작아서 보이지는 않으나 틀림없이 원자가 자연의 근본이 된다고 주장했다.

즉 원자들을 다시 맞추면 사물이 되고, 그 원자들이 서로 나누어지면 사물이 없어져 눈에 보이지 않게 되니, 곧 자연의 근본은 원자라고 주장했던 것이다.

그들은 별 같은 것은 어떤 불덩이가 불을 뿜으면서 운동을 하는 것이라고 했다.

이런 천체에 관한 운동을 여러 가지로 생각하고, 자연의 근원을 생각하기 시작한 것은 페르시아 전쟁을 통하여 아테네와 이오니아 사이에 많은 왕래가 있었기 때문이었다.

또한 델로스 동맹 이후 아테네 사람들은 에게 해 해안에 많이 와 있었기 때문에 이오니아의 영향을 많이 받았다.

그래서 이오니아의 새로운 사상인 자연주의 철학이 아테네로 흘러들어왔던 것이다.

아낙사고라스는 이오니아 사람이면서도 아테네에 와서, 30년간이나 머물면서 이오니아의 학문을 퍼뜨렸다.

그는 태양과 별들을 불이라고 하고, 달은 흙이라고 했다.

즉 태양은 이글이글 타는 불덩이임에 틀림없고, 달은 식어서 열을 내지 못하는 흙과 같다고 여겼다.

또한 정신은 생명체를 이루는 가장 중요한 요소이며, 그 정신이 육체와 생명을 지배한다고 아낙사고라스는 주장했다.

아낙사고라스의 제자 아르켈라오스는 아테네 학파를 만들었다.

소크라테스는 열여덟 살 때 아르켈라오스를 처음 만나 그에게 학문을 배우기 시작하여 스물다섯 살 때에는 그의 학파에 정식으로 가입하여 활동했다.

소크라테스는 젊은 시절에 자연 철학에 깊은 관심을 갖고 연

페르세폴리스의 다리우스 궁전에 있는 페르시아 병사의 부조

구를 했었다. 모든 사물이 왜 생기며, 왜 사라지고, 왜 존재하는지를 알아보려고 했다.

또 만물이 생겨나는 것과 없어지는 것에 관해서도 깊이 관찰했다. 그래서 하늘과 땅 사이에서 일어나는 모든 것을 자세히 살폈다고 스스로 말했다.

소크라테스가 그런 생각을 갖게 된 것은 아낙사고라스의 영향을 받았기 때문이라고 했다.

"나는 아낙사고라스의 책에서 정신이 만물에 질서를 주는 것이라든가, 만물의 원인은 정신이라는 글을 보았다네. 나는 이것이 아주 훌륭한 사상이라는 생각이 들어 큰 기쁨을 맛보았네. 나는 아낙사고라스에게서 내가 찾던 스승을 발견한 것이라네. 다시 말해서 만물의 원인을 알려 주는 스승 말일세."

그와 같이 신 위주의 철학이 아닌 자연 철학은 지금까지 모든 사물의 근원이 신이라고 믿어 온 그리스 사람들의 정신적 바탕을 송두리째 흔들어 놓은 셈이 되고 말았다.

그렇게 되자, 아테네 인들은 신을 받들지 않고 거역하는 자들은 멋대로 행동하기 쉽다고 비난했다.

시민들은 당시의 아테네 지도자로 있던 페리클레스*를 크게 비난했다.

"아낙사고라스가 신을 부정하고 다니는데도 페리클레스는 자기의 친구라고 다스리지 않는다. 그렇기 때문에 아테네에 해를 끼치고 있다."

아테네 민회에서는 신을 부정하는 자들을 처벌할 수 있는 법을 만들어 통과시켰다.

"과반수 이상의 찬성으로 무신론자 처벌법이 통과되었소."

"무신론자를 처벌하라!"

"아낙사고라스는 신을 부정하는 자입니다. 그를 아테네에서 추방시켜야 합니다."

결국 아낙사고라스는 고발을 당해서 추방되었다.

그리고 소크라테스에게도 아폴론의 신탁이 내려졌다.

그래서 자연에 대한 연구를 그만두었다. 그랬지만 끝내는 종교적 신을 믿지 않았다는 이유로 고발을 당해 사형 판결을 받았다.

그러나 오히려 신은 힘을 잃고 말았다. 그러자 신에 의존하던 아테네 시인들은 신의 권위를 강조하며 신의 두려움을 외쳤다.

"인간이 하는 일은 금세 생겼다 없어진다. 그러나 신의 사랑을 받는 모든 것은 영원하고 흥할 것이로되, 신의 노여움을

페리클레스

고대 아테네 최대의 정치가. 웅변술이 뛰어난 정치가로 민중을 잘 이해했고, 그가 집권한 동안 민주 정치를 실시했다. 델로스 동맹을 이용하여 강력한 해군을 유지했고, 건축·토목을 일으키고 미술·문예도 장려해 아테네의 최전성기를 이룩했다.

페리클레스의 상

받는 자는 멸망하리라!"

그런가 하면 핀다로스는 인간의 힘이 신에게서 온다고 주장하면서 지혜로운 자와 강한 자도 신을 통해 자라고, 영웅이나 시인도 신의 뜻에 따라 생긴다고 했다.

소크라테스는 사형을 당하기 전에 신에게 의지한 법을 보고 비꼬아 말했다.

"내가 지금의 법이 나쁘다고 지키지 않으면 저승에 가서도 비난받을 것이다. 그러니 아무리 나쁜 법이라도 법은 법인 것이다."

그러나 해가 감에 따라 신의 힘에서 근원을 찾는다는 신의 권위 의식은 그 설득력을 잃기 시작했다.

신의 신뢰도 무너지기 시작했다. 그리고 법의 근거도 신에게서 분리되어 인간의 약속에 의한 것임을 주장하기 시작했다.

프로타고라스를 비롯한 소피스트들은 법이란 인간의 약속일 뿐이지 신의 명령도 아니고, 저절로 생긴 것도 아니라고 주장했다.

또 나라만 하더라도 인간들이 삶을 누리기 위하여 만들어졌고, 그렇게 만들어진 나라는 개인의 삶을 도와 주기 위해 있는 것이라고 보았다.

소피스트들은 자연 철학자들과 거의 같은 생각을 가지고 있었다.

그들은 법이란 인간 각자가 서로를 지키기 위해 있으며, 남에 대하여 자기의 권리를 보호하기 위한 것이라고 설명했다. 법은 신과 관계 없이 인간 사회에서만 필요한 것임을 명백히 했다.

소크라테스는 아폴론의 신탁 이후 자연 철학에서 다시 인간의 문제로 관심을 돌렸다.

소크라테스는 아테네 시민을 만난 어느 날, 이런 말을 했다.

"나는 세상의 모든 것을 배우고 싶으나, 자연은 나에게 아무 것도 가르쳐 주지 않았다. 나를 가르쳐 주고 깨우쳐 주는 것은 오직 내가 만나 대화하는 사람들뿐이었다."

역시 소크라테스의 생각은 신보다 인간 쪽이었던 것이다.

공부방

올림포스의 12신

제우스 : 신들과 인간들의 왕이며 아버지인 신이다. 올림포스 산에 살면서 나쁜 짓을 한 사람이나 적에게 번개를 던진다고 한다. 로마 식으로는 주피터라고 부른다.

헤라 : 제우스의 아내로 여신 중에서 가장 큰 힘을 지녔으며, 질투심이 강하다. 로마 식으로는 유노라고 부른다.

포세이돈 : 바다의 신으로, 바다와 강물을 지배한다. 백마가 이끄는 마차를 타며, 끝이 세 갈래로 갈라진 창을 들고 있다. 로마 식으로는 넵튠이라고 부른다.

아폴론 : 태양의 신이며 예언과 음악, 시, 활쏘기의 신이다. 구름 사이로 환히 비치는 햇살은 아폴론이 쏜 황금의 화살이라고 한다. 로마 식으로는 아폴로라고 부른다.

아르테미스 : 달과 사냥의 여신으로 아폴론의 쌍둥이 여동생이다. 활을 지니고 다니면서 사냥을 즐기는 처녀신이다. 로마 식으로는 다이아나라고 부른다.

아테나 : 학문과 예술의 여신이고 정의를 위한 싸움의 여신이다. 사람들에게 실을 짜는 법과 베 짜는 법을 가르쳐 주었다고 한다. 로마 식으로는 미네르바라고 부른다.

아프로디테 : 사랑과 미의 여신으로 바다의 거품에서 태어났다고 하며 여신들 가운데 가장 아름답다. 로마 식으로는 비너스라고 부른다.

헤파이스토스 : 불과 대장장이의 신으로 절름발이이며 아프로디테의 남편이다. 로마 식으로는 불카누스라고 부른다.

아레스 : 제우스와 헤라 사이에서 태어난 아들로 전쟁의 신이다. 로마 식으로

는 마르스라고 부른다.

데메테르 : 곡식과 농업의 신이다. 로마 식으로는 케레스라고 부른다.

헤르메스 : 목동·나그네·장사꾼·도둑 등을 지켜 주는 신으로 신들의 심부름꾼이기도 하다. 날개 달린 신과 모자를 쓰고 뱀이 감긴 지팡이를 짚고 다닌다. 로마 식으로는 머큐리라고 부른다.

헤스티아 : 가정의 행복을 지켜 주는 부뚜막과 아궁이의 신으로 로마 식으로는 베스타라고 부른다.

델로스 동맹

그리스와 페르시아 전쟁 때 아테네가 이끈 그리스 도시 동맹을 말한다. 그리스 역사가 투키디데스에 따르면, 모든 그리스 도시 국가들은 힘을 합쳐 페르시아에 대항하기 위해 이 동맹을 조직했다고 한다.

동맹군 사령관은 아테네 인들이 맡았고, 어떤 도시 국가가 군함이나 돈을 댈 것인가를 결정하는 권한도 아테네가 쥐고 있었으며, 아테네의 헬레노타미아이(회계관) 10명이 돈을 거두고 관리했다. 모든 동맹국의 대표자들은 동등한 투표권을 갖고 있었으며 해마다 델로스에 모여 회의를 열었다. 그곳에 있던 아폴론 신전에 동맹의 금고가 보관되어 있었다.

델로스

너 자신을 알라

　델포이*의 신전은 까마득히 솟은 파르나소스 산정에 우뚝 서 있었다. 그 신전에서 밑을 내려다보면 그리스의 시가지가 한눈에 들어왔다.
　물감을 칠한 듯 짙푸른 올리브 숲이 그림처럼 널려 있는가 하면, 하늘과 바다가 맞닿아 짙푸른 코린트 해협이 활처럼 굽은 채 한눈에 들어왔다.
　이런 곳에 아폴론을 모신 신전이 그 위용을 자랑하며 우뚝

서 있었다.

그 신전 앞에는 다음과 같은 경구가 바위에 새겨져 있었다.

'너 자신을 알라!'

이 경구는 인간이 자기의 분수를 모르고 오만을 부리는 데에 대한 경고였다.

그래서 그리스 사람들은 이 새겨진 글을 보고 늘 자신의 부족함을 반성했으며, 신중히 생각하고 겸손해지려고 애썼다.

대시인 호메로스의 가르침을 받은 그리스 사람들은 인간의 약점 중에서도 '오만'은 가장 경계해야 할 것이라고 했다.

소포클레스도 말했다.

학습도움말

델포이
고대 그리스의 도시 국가로 그리스 중부 포키스 지방 파르나소스 산의 남쪽 기슭에 있었다. 기원전 2000년대에 대지의 여신 가이아의 성소가 있었고 신탁도 이루어지고 있었으나, 기원전 9세기에 아폴론에게 가이아의 지위를 빼앗겼으며, 기원전 6세기에는 그리스에서 가장 중요한 신탁소가 되었다.

델포이 아폴론 신전과 원형 극장

"오만한 자는 반드시 벌을 받는다."

사람들은 이 같은 경고를 늘 생각하면서 자신을 돌아보며 반성했다. 자신의 부족함을 깨닫고, 겸손함과 신중함을 잃지 않으려고 신 앞에 맹세했다.

사람이 무슨 일을 하고자 할 때 자신의 힘으로는 도저히 감당하지 못할 때가 생긴다. 그 때 사람들은 자신의 미약함을 느끼고 무언가를 찾는다.

그럴 때 그리스 사람들은 델포이 신전에 가서 그 앞에 새겨진 글을 되새겨 보았다. '너 자신을 알라!' 는 말이 이 때처럼 절실하게 느껴질 때는 없었다.

'너 자신을 알라!' 는 말은 맨 처음 이오니아의 철학자 탈레스가 한 말이라고 한다.

탈레스는 그리스의 7대 현인 중의 한 사람으로 소크라테스보다 170년 전의 사람이었다.

탈레스는 현인 중에서도 가장 존경받는 인물이었다.

어느 날, 어떤 사람이 탈레스에게 물어 보았다.

"탈레스 선생님! 세상에서 가장 어려운 일이 무엇입니까?"

"그 어떤 것보다도 자기 자신을 안다는 것이 제일 어렵습니다."

"그럼, 이 세상에서 가장 쉬운 일은 무엇입니까?"

"남의 잘못을 충고해 주는 것입니다."

"그렇겠군요. 남에게 충고하기는 쉽지만 진실로 자기 자신을 안다는 것은 어렵겠네요."

당시 그리스 사람들은 누구나 중요하거나 어려운 일이 있을 때 아폴론 신전에 와서 신탁을 얻고자 했다.

"저기 앉아 있는 무녀만이 신과 통할 수 있대."

"그래요? 어서 가서 물어봅시다."

"신이시여! 제가 이번에 전쟁에 나가서 살아 돌아올 수 있겠습니까?"

"수리 수리 마하 수리…… 그럴 것 같소이다."

"신께서 내게 신탁을 내려 주셨다."

신탁이란 바로 신의 뜻을 전하는 것을 말한다.

신이 들린 무녀가 뭐라고 중얼거리면 아폴론은 계시로써 신탁을 내려 주었다.

그러나 아폴론은 명확한 계시보다는 대개 막연하고 알쏭달쏭한 말만 했다.

그렇지만 그리스 인들은 부자고, 가난한 자고, 귀한 자고, 천한 자고 할 것 없이 중요하고 어려운 일이 있으면 이 신전으로 몰려들었다.

그러다가 보게 되는 것이 '너 자신을 알라!' 란 글이었다.

소크라테스는 아폴론 신전 입구에 새겨진 이 말을 표어로 삼아 다른 시인이나, 다른 자연 철학자, 다른 소피스트들과는 구별되는 철학의 길을 열었다.

소크라테스는 이렇게 말했다.

"나는 아직도 나 자신을 알지 못하고 있다."

시인들은 또 '너 자신을 알라' 는 말의 뜻을 '오만하지 말라' 는 뜻으로 해석하고 받아들였다.

안다고 자부하거나, 겸손하지 못하면 스스로 파멸을 초래할 것이라고 주장했다.

철학자는 사람들이 자기 자신을 잘 살펴서 더듬어 보아야 한다고 생각했다.

그래서 자기 자신을 안다는 것에 대해서 다음과 같은 의문을 제기하고 있다.

"나는 무엇을 하려고 하는가?"

"나는 무엇을 할 수 있는가?"

"나는 무엇을 해야 하는가?"

"나는 무엇을 믿어야 하는가?"

"나는 어디서 왔는가?"

"나는 무엇을 알 수 있는가?"

"나는 무엇인가?"

"나는 누구인가?"

이런 의문의 연속으로 자연이나 역사나 사회 속에서 자신의 위치를 알고, 역사를 알고, 사명을 깨닫기 위해 힘썼다.

소크라테스의 친구 가운데 카이레폰이라는 사람이 있었다.

그는 어느 날, 델포이 신전에 가서 물었다.

"소크라테스보다 더 지혜 있는 자가 있습니까?"

이런 물음에 대하여 아폴론의 신탁은 분명히 대답했다.

"소크라테스보다 더 지혜를 가진 사람은 없느니라."

이 대답에 카이레폰은 기뻤다.

카이레폰이 아폴론의 신탁에게 소크라테스의 지혜에 관하여 물은 것은 자기가 알고 있는 소크라테스가 얼마나 지혜 있는 사람인지 궁금했기 때문이었다.

당시 문화가 발달했던 아테네에는 각지의 유명한 사람들이 많이 찾아들었다.

그래서 뛰어난 시인도 많았고, 또 '지혜의 스승'이라 자처하는 소피스트들도 많았다.

소크라테스도 소피스트 중의 한 사람이었기 때문에 카이레폰이 아폴론의 신탁에게 물어 본 것이다.

카이레폰은 아테네에 있는 소크라테스에게 돌아와 아폴론의 신탁이 한 말을 전해 주었다.

그랬더니 소크라테스는 깜짝 놀라며 말했다.

"나는 나 자신이 지혜가 있는 사람이 아니라는 것을 알고 있다. 그런데도 신탁이 나를 제일 지혜가 있는 자라고 하다니, 도대체 무슨 수수께끼 같은 말인지 알 수 없네. 신이 거짓말을 할 까닭은 없고……."

마침내 소크라테스는 자기보다 지혜가 많은 사람을 찾아 나서기로 마음먹었다.

자기보다 지혜가 많은 사람을 만났을 때 아폴론의 신탁을 반박할 수 있으리라는 생각에서였다.

길을 나선 소크라테스는 먼저 세상 사람들이 지혜가 많다고 말하는 정치가들을 만나 여러 가지를 물어 보았다.

그들도 세상 사람들이 말하듯이 자기 자신들도 지혜가 있는 사람이라고 자처하고 있었다.

그러나 소크라테스가 자세히 살펴보고 조사한 결과 조금도 그렇지 않았다.

소크라테스는 실망했다. 그래서 다시 길을 떠났다. 시인들을 만나 보기 위해서였다.

"시인들은 분명히 내가 간절히 찾고 있는 '지혜가 있는 사람들'일 거야."

어느 날, 시를 읊고 있는 시인을 만났다.

"태산이 높다 하되 하늘 아래 뫼로다."

"그 시는 어떤 뜻으로 지으셨소?"

소크라테스가 시에 대해서 물어 보았다.

"글쎄! 그게 뭐더라. 그것은 다른 사람들이 더 잘 알지요."

"실망이군."

시인과 대화를 나누고 보니 자기들이 쓴 작품에 대해서도 잘 모르고 있었다.

시인들이 시를 짓는 것은 재주와 영감에 의한 것이지, 결코 지혜로 시를 짓는 것이 아님을 소크라테스는 알았다.

그들은 아름답고 훌륭한 말을 하지만 정작 그 뜻이 무엇인지에 관해서는 모르고 있었다.

그들은 시를 쓰기 때문에 모든 것에 대해서도 지혜가 있는 양 생각하고 있었다.

소크라테스는 이들에 대해서도 결론을 내렸다.

"시인들은 지혜가 없으면서도 지혜가 있다고 착각하지만, 나는 나 자신이 지혜가 없다는 것을 알 수 있으므로 나는 그들보다 낫다."

이렇게 결론을 내린 소크라테스는 다시 기술자들을 만나 보기 위해 길을 떠났다.

소크라테스는 기술 방면에 대해서는 전혀 알고 있지 못했기 때문에 기술자들을 만나면 그 방면에 대해 많은 것을 알 수 있으리라고 믿었다.

소크라테스는 여러 기술자들과 이야기를 주고받았다. 기술자들은 소크라테스가 모르는 것에 대하여 많이 알고 있었다.

그러나 이들도 역시 시인들과 마찬가지였다.

기술적인 일을 잘 해내니까 다른 일에 관해서도 자기가 모두 알고 있는 것으로 생각하고 있었다. 이런 생각 때문에 그들의 기술에 관한 지혜마저 가려지고 있었다.

기술자가 가진 지혜를 소크라테스는 갖지 않았지만, 스스로 지혜가 없음을 알고 있는 자신이, '지혜와 무지'를 가진 기술자들보다 낫다는 것을 또 깨달았다.

이렇게 여러 방면의 사람들을 만나 본 소크라테스는 다음과 같은 결론을 내렸다.

"가장 지혜롭다고 자처하거나 소문난 사람일수록 생각은 더 깊지 못하고, 오히려 보잘것 없다고 생각한 사람들이 더 깊은 생각과 지혜가 있는 것 같다."

결국 소크라테스는 자기보다 지혜로운 사람을 찾는 데 실패하고 말았다. 그렇다고 자신이 지혜가 없는 사람이라는 생각을 포기한 것도 아니었다.

그리고 보면 이 세상에 지혜를 가진 인간은 없으며, 가장 지혜로움이 많은 사람은 자기가 지혜가 없다는 것을 아는 사람이다. 그래서 소크라테스는 자신에 관한 델포이의 신탁을 다음과 같이 이야기했다.

"이 세상에서 지혜 있는 자는 신뿐이며, 인간의 지혜는 보잘 것 없다. 인간들이여! 너희들 가운데 가장 지혜로운 자는 소크라테스처럼 자기의 지혜가 보잘것 없다는 것을 아는 자이다."

이 같은 말은 당시 지혜롭다고 하는 사람들이 쌓아올린 지식을 뿌리째 흔드는 것이었다.

델포이의 신전 앞에 있는 '너 자신을 알라'는 말은 소크라테스에게는 '너 자신의 무시를 알라'는 말과 나름이 없었다.

사람들은 적어도 '오만하지 말라'는 정도로 그칠 것이 아니라, 각자가 지니고 있는 의견과 믿고 있는 지식을 가지고 '그런가?' 하는 의문으로부터, '아니다!' 하는 부정을 갖고 반성해야 할 것이라고 소크라테스는 주장했다.

그리고 다음과 같은 예를 들어 지혜를 찾는 경우를 말했다.

"배가 고플 때 사람이 음식을 찾듯이, 자신의 지혜가 모자란다고 느끼는 사람만이 지혜를 찾는 법이다. 사람들이 무엇이 없다든가, 나쁘다든가, 틀린다고 생각할 때 그것을 찾고 고치는 것 또한 같은 이치이다."

그리고 '너 자신을 알라' 하고 외친 소크라테스의 말은 겉으로 말만 하고 겉치레만 할 것이 아니라, 그런 관심을 마음 속으로 끌어들여 자기 자신에게 향하도록 하는 데 있었다.

이에 대해 소크라테스는 젊은이들에게 다음과 같은 말을 들려주었다.

"나는 나 자신을 알지 못한다네. 그러기에 내가 다른 사람을 탐구한다는 것은 우스운 이야기가 되지. 그래서 나는 모든 것을 그대로 두기로 했다네. 내가 다른 사람을 탐구하기보다 나 자신이 어떻게 생겼을까, 무서운 괴물이나 아닐까, 혹은 순결한 사람일까, 태어날 때부터 부드럽고 단순한 존재인가, 늘 이렇게 생각해 본다네."

소크라테스가 이와 같이 자신에게 관심을 돌려 살펴보았을 때 발견한 것이 있었다.

그것은 '최선을 다하는 정신'이었다.

그리고 그러한 정신이 바로 소크라테스 자신이며, 또 생각하는 자신의 활동인 동시에 다른 모든 활동의 원인이라고 보았다.

"정신이 나의 전부를 움직인다. 모든 것에서 사람들이 구하고자 하는 것은 결국 완전한 것, 최선의 것이란 무엇인가에 대한 해답이야. 그래, 바로 그것이다. 최선의 것과 완전한 것을 아는 사람은 반드시 모자라는 것과 나쁜 것, 악한 것도 알게 된다!"

그리고 최선의 것을 안다는 것과 최악의 것을 안다는 것은 같다고도 보았다.

소크라테스는 자기를 움직이는 것이 정신이듯이, 자연 세계의 질서와 운동도 정신일 수밖에 없다고 여겼다.

그래서 아낙사고라스가 한 말에 큰 기쁨을 느꼈다.

"정신이 만물에 질서를 주는 동시에 그것의 원인이다."

아낙사고라스의 이 말에 소크라테스는 이런 말을 했다.

"나는 아낙사고라스로부터 만물의 원인을 알려 주는 스승을 찾았기에 기쁘지 않을 수가 없었다. 그래서 나는 아낙사고라스의 책을 움켜쥐고 최선과 최악의 것을 되도록이면 빨리 알고자 열심히 읽었다. 큰 기대를 걸면서……. 그러나 나는 실망하고 말았다."

그는 자연에 관한 연구 속에서 자기가 생각하고 있는 최선의 것을 찾을 수가 없었다.

"자연은 나에게 아무것도 가르쳐 주지 않는다."

이렇게 한탄하며 자연으로부터 등을 돌렸다.

그러고는 사람에게 관심을 쏟았다.

이와 같이 인간 탐구의 길을 연 사람들은 바로 소피스트들이었다. 그러나 소피스트들도 저마다 생각이 달랐다.

인간 사회를 보는 눈도 저마다 달랐고, 옳고 그름의 판단도 달랐고, 좋고 나쁨의 기준도 달랐다.

그래서 자연 세계를 있는 그대로 살폈다.

소피스트들의 눈에 보인 인간 사회는 새로운 법을 만드는 것 외에는 동물 세계와 거의 같다고 볼 수 있었다.

그러나 소크라테스는 소피스트들의 의견에 반대했다.

"사람들은 항상 자기의 부족함을 깨닫고, 최선의 지혜를 다하겠다는 정신으로 살아야 하오. 그건 바로, 서로 묻고 답하는 가운데서 일치점을 구해야 한다는 뜻이오. 사람이 사는 사회도 최선의 사회와 그렇지 못한 사회로 구별할 수 있고, 정치도 그렇게 나눌 수 있소. 좋은 정치란 최선의 지혜를 가진 자가 국민들이 최선의 지혜를 향해 나가도록 이끌어 나가는 데 있습니다."

소크라테스가 본 그 당시의 사회는 최선과는 너무나 동떨어져 있었다.

사람들은 자기의 지혜가 보잘것 없다는 것도 알지 못한 채 살고 있었다. 지혜를 찾는 사람도 보이지 않았고, 돈 버는 일에만 마음을 두고 있었다.

소크라테스는 이와 같은 사람들의 생각을 바꿔 놓으려고 힘썼다. 무지에서 깨어나도록 하는 것을 자기의 사명으로 생각했던 것이다.

소크라테스를 이야기할 때에는 반드시 플라톤*을 들지 않으면 안 된다.

그것은 영원한 스승과 제자로 알려진 특별한 관계에 있기 때문이다.

플라톤이 소크라테스를 정식으로 만난 것은 스무 살 정도가 되어서였으나, 사실은 플라톤이 출생하기 전부터 어른들끼리는 많은 만남으로 친숙하게 지냈다고 전해진다.

오늘날 소크라테스의 사상이 널리 전해지고 있는 것도 플라톤이 있었기 때문이다.

플라톤이 태어났던 당시는 소크라테스가 마흔두 살 되던 해였다. 또 펠로폰네소스 전쟁이 한창 치열하던 때이기도 했다.

이 전쟁은 플라톤이 스물세 살이 되던 기원전 404년에야 아테네의 패배로 끝났다. 이 때 스파르타 점령군의 도움을 받아 망명하여 다른 나라에 가 있던 스파르타의 크리티아스가 돌아왔다.

그는 30인으로 구성된 독재 정부를 수립했지만, 스파르타의 국론이 분열되고, 다른 나라에 가 있던 민주파가 또다시 나라 안의 세력과 힘을 합쳐 내란을 일으켰다.

이리하여 단 며칠 만에 나라가 전복되고, 민주주의로 다시 돌아갔다.

학습 도움말

플라톤
(기원전 427~기원전 347)
고대 그리스의 대철학자. 아테네의 명문가에서 태어나 스무 살 무렵부터 소크라테스에게서 많은 영향을 받았다. 마흔 살 때 아카데미아를 설립하여 이상 국가의 통치자가 될 인재를 기르는 데 힘썼다. 주요 저서로는 〈소크라테스〉, 〈향연〉, 〈국가〉 등이 있다.

플라톤 상

이러한 혼란기에 소크라테스는 위험 인물로 지목받아 처형되었으며, 이 때 플라톤은 스물여덟 살이었다.

소크라테스의 재판과 죽음으로 플라톤은 커다란 충격을 받았다.

이로 인해 플라톤은 소크라테스라는 스승이 어떤 인간이었다는 것을 새삼 깨닫고 존경했다.

플라톤의 청년 시대는 전쟁과 혁명으로 뒤얽힌 시대였다.

그리고 이러한 소용돌이 속에서 주변의 많은 사람들이 희생되어 갔다.

"플라톤이라는 자도 소크라테스의 제자라지?"

"그럼 저 자도 올림포스 신을 부정하겠네."

소크라테스의 죽음 이후 플라톤도 신변에 위협을 느꼈다.

"플라톤을 고발해서 처단합시다!"

"좋소!"

이 사실을 알게 된 플라톤은 친구들과 의논한 후 이웃 나라인 메가라로 피신했다.

그 후 플라톤은 메가라를 떠나 여러 나라를 여행하면서 견문을 넓혀야겠다고 생각했다.

"여보게, 잠시 이 곳을 떠나 여행을 할까 하네."

"어디로?"

"먼저 이탈리아로 떠날 생각이네. 배편이 마련되는 대로 떠날 거야."

"아무튼 몸조심하게나."

"고맙네. 자네도 건강하게."

라파엘로가 그린 아테네 학당(로마 바티칸 궁전)

　플라톤은 계속해서 북아프리카의 키레네, 이집트 등 지중해 연안을 여행했으며, 이는 플라톤이 철학 사상의 기초를 닦는 데 큰 도움이 되었다.
　이 시기에 플라톤은 많은 책을 냈다.
　〈소크라테스의 변명〉, 〈크리톤〉, 〈고르기아스〉 등 주로 그의 스승 소크라테스의 사상과 생각을 전하는 10여 권의 대화집을 펴냈던 것이다.
　그러다가 마흔 살이 되어서야 아테네로 돌아왔다.
　플라톤은 '아카데미아'라는 학원을 설립하여 교육에 힘썼다.

이 때부터 플라톤은 예순 살이 될 때까지 교육과 학문 연구에만 정신을 쏟았다. 이 시기가 플라톤의 일생에서 가장 평화롭고 안정된 시기였다.

이 무렵 펴낸 책으로는 〈국가론〉과 〈파이드로스〉란 대화편이 있다. 그러나 조용하던 학구 생활에 변화가 왔다. 그 변화란 시칠리아의 참주 디오니시우스의 고문이 되기 위해 아카데미아를 떠난 점이었다.

그렇게 하지 않을 수 없게 된 것은 플라톤이 여러 나라를 돌아다니던 시절 알게 된 시칠리아 인 디온의 요청 때문이었다.

디온은 플라톤을 무척 존경했고, 플라톤도 디온을 믿고 사랑했다.

그러나 디오니시우스 참주의 고문 생활은 플라톤이 생각했던 것과는 달랐다. 청년 시절부터 참다운 정치를 해 보겠다던 꿈은 이 때 완전히 부서져 버렸다.

플라톤은 일흔 살이 넘은 몸으로 겨우 목숨만 부지한 채 아테네로 도망쳐 왔다.

시칠리아에서 돌아온 플라톤은 다시 그가 세웠던 학원 아카데미아에서 제자들을 가르쳤다.

플라톤은 제자들을 가르치면서 자신의 마지막 생애를 마무리하기 시작했다.

그는 일생 동안의 사상을 가다듬고 최후의 힘을 쏟아 책을 썼다. 그리하여 기원전 347년 나이 여든한 살로 세상을 떠났을 때 〈법률〉은 원고로 남아 있었으며, 〈소피스테스〉, 〈정치가〉, 〈필레보스〉, 〈티마이오스〉 등이 완성되어 책으로 나왔다.

플라톤의 책은 대개 아카데미아에서 가르친 내용을 주로 다루고 있었다.

그가 책을 낸 목적은 현자요 성인이었던 소크라테스를 잘 모르거나, 오해하고 있는 그 시대의 사람들에게 소크라테스의 참다운 가르침을 일깨워 주기 위한 것이었다.

플라톤의 수많은 대화편의 대부분은 거의가 소크라테스를 중심 인물로 삼고 있다.

그 실례를 들어 보면 〈소크라테스의 변명〉이 그렇고, 〈크리톤〉, 〈파이돈〉 같은 책들이 모두 그렇다.

이들 책은 한결같이 완벽한 인격을 갖춘 소크라테스에 관한 것을 내용으로 하고 있으며, 인류의 마음에 영원히 아로새겨진 소크라테스의 최후가 수록되어 있다.

가장 뜻 깊고, 가장 빛나는 세 권의 책인 것이다.

이 책이 나온 때는 기원전 4세기쯤이다.

당시 아테네는 서산에 지는 해처럼 쇠망해 가고 있었다. 페리클레스의 황금 시대는 지나고, 최고의 지성이던 소크라테스에게 독약의 잔을 들게 하지 않으면 안 될 혼란한 때였다.

소크라테스가 독약을 받고 사형당한 후 플라톤은 정치가가 되겠다던 꿈을 버리고, 학문 연구에 몰두하면서 대화의 책을 엮는 데 힘을 기울였다.

그러나 마지막에 가서 플라톤은 소크라테스가 아닌 다른 인물들을 등장시킴으로써 사상의 독자성을 보여 주었다.

어쨌든 소크라테스와 플라톤의 관계는 스승과 제자 사이뿐만 아니라, 사상을 서로 주고받으며 이어 주기도 한 대철학자로서 우리의 가슴에 함께 남을 인물임에 틀림없다.

공부방

아폴론

아폴론은 그리스의 모든 신들 중 가장 널리 숭배되는 영향력 있는 신이다. 그리스의 헬라 어로는 아폴론이고 로마의 라틴 어로는 아폴로라고 부른다.

호메로스 시대 이래로 그는 멀리서 메시지를 보내거나 위험을 알려 주고, 인간에게 그들 자신의 죄를 깨닫게 하는 동시에 정화시켜 주며, 종교적인 법과 도시의 법령들을 주재하고, 예언과 신탁을 통해 인간에게 미래의 일과 그의 아버지인 제우스의 뜻을 전해 주었다. 신들조차 그를 두려워했으며, 그의 아버지와 어머니 레토만이 그를 이길 수 있었다.

아폴론이 기리는 그리스의 축제 중 가장 흥미로운 것은 8년마다 열리는 델포이 스텝테리온으로, 이 축제 동안에 뽑힌 소년은 아폴론 신화를 재현한다. 이탈리아에서는 아폴론이 일찍부터 알려졌으며, 그리스에서처럼 주로 치료 및 예언과 연관되었다. 그의 신전 가까이에서 악티움 전투가 벌어졌기 때문에 황제 아우구스투스는 그를 크게 숭배했다.

미술품에서 아폴론은 수염이 없는 젊은이로 묘사되는데, 옷을 입고 있기도 하고 벗고 있기도 하며, 활이나 악기를 들고 있는 경우도 많다.

호메로스(?~?)

기원전 9세기 또는 기원전 8세기경에 활동한 고대 그리스의 시인. 서사시의 걸작 〈일리아스〉, 〈오디세이아〉의 저자로 여겨진다. 그리스 인들이 이 2편의 서사시에 호메로스라는 이름을 결부시켰다는 사실말고는 그에 대해서 알려진 것이 거의 없다. 호메로스는 서양사에 있어서 가장 영향력 있는 인물 가운데

한 사람이기도 하다. 2편의 서사시는 고전 시대 전반에 걸쳐 그리스의 교육과 문화의 토대가 되었고, 로마 제국 시대에 크리스트 교 신앙이 널리 퍼질 때까지 사실상 인문 교육의 뼈대를 이루었다.

호메로스는 오스만 제국에서 서쪽으로 망명한 그리스 학자들이 이탈리아로 가져온 두 작품을 통해, 이탈리아의 르네상스 문화에도 깊은 영향을 주었다. 이 때부터 수많은 번역이 이루어졌으며, 이 두 작품은 유럽의 고전 문학 전통에서 가장 중요하고 또 베르길리우스와 단테의 작품들보다도 더 뛰어난 업적으로 평가되었다.

호메로스

펠로폰네소스

남쪽의 지중해로 튀어나와 있는 산악 지대로 이루어진 커다란 반도를 말한다. 고대부터 그리스의 주요 지역이었고, 코린트 해협으로 그리스 본토와 이어져 있다. 호메로스는 미케네 시대의 도시 국가인 아르고스의 이름을 따서 아르고스 반도라고 불렀다.

미케네 문명은 기원전 2000년경부터 미케네·티린스·필로스 같은 곳을 중심으로 하여 꽃피웠다. 도시 국가인 스파르타는 기원전 5세기부터 로마가 그리스를 정복한 2세기까지 그리스의 정치·경제에 대한 지배권을 놓고 오랫동안 아테네와 경쟁을 벌였다. 펠로폰네소스 반도의 주요 도시인 파트라이는 그리스 독립 전쟁(1821~1829년) 이후 중요한 상업 도시로 계속 발전했다.

바구니에 담긴 소크라테스

아테네에 민주주의가 한창 뿌리를 내리고 있을 무렵이었다.

오랫동안 아테네를 다스리던 페리클레스는 펠로폰네소스 전쟁에서 죽은 병사들의 추도식 연설을 통해 다음과 같이 민주 정치를 자랑했다.

"우리는 우리 나라만이 갖는 헌법을 자랑스럽게 생각합니다. 우리 나라에서의 모든 권리는 몇몇 사람에게 있지 않고, 시민 모두에게 있습니다. 법에 의하여 모든 시민은 평등한 권리를 가집니다. 그리고 법이 모두에게 평등한 권리를 주고 있습니다. 한 마디로 말해서 아테네는 전 그리스 인을 가르치는 그리스의 학교입니다. 이 같은 나라를 위해 많은 병사들은 고귀하게 싸우고 죽은 것입니다."

페리클레스가 말한 대로 아테네는 법률의 제정이나 나라의 중대한 일은 국민의 대표가 모인 민회*에서 결정했다.

민회는 1년에 열 번 이상 열렸다.

어떤 때는 열흘마다 열렸는데 연설도 하고, 토의도 해서 다수결로 정했다.

그래서 민회에 나가 자기의 주장을 펼 수 있게 하려고 웅변

학습도움말 민회

아테네의 민주 정치 제도로 국민 회의와 비슷한 직접 민주제 형태의 회의체이다. 여자와 어린이, 외국인과 노예를 제외한 18세 이상의 모든 남자가 직접 정치에 참여하는 제도였다.

아테네의 아크로폴리스 언덕에 있는 디오니소스 극장

술을 익히는 사람들도 많았다.

그렇게 되자 웅변술을 가르쳐 주는 소피스트들이 그들을 찾아다니며 가르치기도 했다.

아테네에서는 사법권도 시민에게 있었다.

아테네 사람들은 다툼이 생기면 언제나 재판을 열어 죄의 유무를 판결했다.

"이 자가 내 소를 훔쳐갔습니다."

"그게 아닙니다. 그냥 새끼줄을 잡아당기니 암소가 딸려 왔습니다."

재판이 열리면 시민 중에서 뽑힌 수백 명의 판사들은 양쪽의 주장을 모두 들은 뒤 투표로 판결했다.

그러므로 자기의 주장을 효과적으로 펴서 상대방의 주장을 꺾어야 했다.

"내가 옳다."

"아니야, 내가 옳은 거야."

또 수백 명의 판사들을 설득시키지 않으면 안 되었다.

"판사 나리님들! 저 자는 분명히 우리 소를 훔쳤습니다."

만약 웅변술의 부족으로 상대방을 꺾지 못하거나, 판사들을

그리스와 소아시아 반도 및 크레타 섬에 둘러싸인 에게 해

설득하지 못하면 많은 재산 피해는 물론 감옥에도 가야 했다.

심한 경우는 사형까지 당했으므로 아테네에서는 변론이 매우 중요했다.

소피스트들은 이러한 변론술, 웅변술 등의 교육을 맡았다.

그 때 한몫을 한 사람들은 대부분이 소피스트들로 변론술을 가르치며 많은 보수를 받았다.

웅변술과 변론술은 주로 귀족의 아들이나 부잣집 자식들이 받는 교육이었다.

반대로 가난한 시민과 신을 믿는 사람들은 소피스트들을 멀리했다. 소피스트들은 신을 믿지 않는 개인주의자였기 때문이다.

소피스트들 중에서 가장 이름을 날렸던 사람은 프로타고라스였다. 그는 다음과 같은 말을 했다.

"나는 신들이 있는지 없는지도 모른다. 신들이 있다 해도 어떤 모습을 하고 있는지도 모른다. 신이 있는지에 대하여 우리 인간들은 확실한 지식을 가질 수가 없다. 신이 어떤 존재인가 알아 낸다는 것도 매우 힘들다. 이런 문제는 언제나 애매 모호하고, 알쏭달쏭하기 때문이다. 그런 것은 알려고 할 필요도 없다. 그리고 그런 것을 밝히고 있기에는 우리 인생이 너무나 짧기 때문이다."

그러면서 프로타고라스는 다시 말을 이었다.

"인간은 만물의 척도다. 사람들은 개인 하나하나가 기준이며, 누가 옳고 누가 그르다는 절대적 진리도 없고 그것을 알아 낼 수도 없다. 그리고 어떤 의견이 다른 의견보다 나을 수는 있으나 더 참된 진리일 수는 없다. 그래서 우리들은 모든 것을 다수결로 정할 수밖에 없는 것이다."

이런 프로타고라스와 소피스트들의 철학이 모든 것을 다수결로 결정하는 아테네의 민주주의 정치를 이끌어 간 것으로 보여진다.

그러나 다수결만이 항상 옳은 것은 아니었다.

"프로타고라스는 무신론자다! 다수결에 의해 아테네에서 추방하라!"

다수결을 주장하던 프로타고라스도 자신의 주장의 올가미에 걸려들고 말았다.

그 또한 그가 주장한 다수결의 재판을 받았기 때문이다.

신을 믿는 극작가들은 이런 소피스트들을 희곡*을 통하여 비아냥거렸다.

그 예로 아리스토파네스의 〈구름〉이란 희곡을 들 수 있다.

희곡
무대 상연을 할 수 있도록 대화 형식으로 쓰여진 문학 작품. 희곡은 무대, 관객과 함께 연극을 구성하는 3대 요소의 하나이다. 희곡은 원래 '행동'을 뜻하는 그리스 어에서 생긴 '드라마'로 그 유래에서도 알 수 있듯이 연기자의 몸짓 표현의 '내용'이다.

지금도 그리스 비극 등 연극을 공연하는 에피타우로스 극장

〈구름〉이란 희곡 속에서는 소크라테스가 새로운 화술과 학문을 가르치는 소피스트의 한 사람으로 나온다.

　극 중에서 소크라테스는 바구니에 담긴 채 공중에 떠다니며 구름을 연구한다.

　그리고 그는 바구니 속에서 이렇게 말한다.

　"제우스가 오줌을 싸면 그것이 비가 되고, 화를 내는 것이 천둥이라는 말은 있을 수 없는 이야기다. 비가 내리는 것은 구름 때문이요, 천둥이 치는 것 또한 구름 때문이다. 예를 들어 음식을 너무 많이 먹었을 때 뱃속에서 꾸루룩꾸루룩 하는 소리가 나는 것과 같이, 구름이 소용돌이칠 때 천둥 소리가 나는 것이다."

　그러면서 자연 현상의 원인은 신이 아니라 오직 자연의 힘이라고 했다. 하지만 그것은 명백한 오류이다.

　이와 같이 아리스토파네스는 신을 믿지 않는 소피스트들을 비아냥거리며, 그 중의 대표적인 한 사람으로 소크라테스를 지적해서 비꼬았다.

　이 〈구름〉이란 희곡은 여러 극장에서 상연되었다.

　그리하여 이 희곡을 본 신을 믿는 자나, 가난한 사람들은 소

크라테스를 비난했다.

"소크라테스는 젊은 청년들에게 나쁜 영향을 끼치는 소피스트다."

그러나 소크라테스 자신은 소피스트가 아니라고 주장했다.

다만 자기는 '아테네의 등에'라고 자처했다.

소나 말에 붙어서 피를 빠는 등에라고 한 것이다.

"소나 말은 잠을 자다가도 등에가 물면 깜짝 놀라 잠을 깹니다. 나는 등에처럼 이 나라에 달라붙어 잠자는 소나 말을 항상 깨어 있게 할 것입니다. 그러기 위해서는 온종일 설득하고 나무라는 데 주저하지 않겠습니다."

소크라테스는 가는 곳마다 사람들을 쉴 새 없이 나무라고 깨우쳐 주었다.

당시 아테네 사람들은 돈을 버는 데만 마음을 기울이고 있다고 소크라테스는 말했다.

"진리나 지혜를 구하고 정신을 바로 갖는 일에 대해서는 생각지도 않으니 걱정이로다."

이렇게 생각한 소크라테스는 평생 동안 돈 버는 일은 하지 않았다. 그래서 가난하게 살았다.

"이크! 작년에 왔던 각설이가 또 왔네."

"저 꼴로 부끄럽지도 않나?"

그러면 소크라테스는 이렇게 대답했다.

"여러분! 나는 내 꼴이 부끄럽다고 여기지 않소. 내 마음 속엔 언제나 진리와 지혜라는 부자가 살기 때문이오."

"그럼, 당신은 돈을 벌어 본 적이 있소? 게을러빠져서 돈 버는 일이 뭔지나 알까?"

"나는 돌아다니면서 할 일이 너무 많아 미처 돈 버는 일을 할 수가 없소. 남녀노소 할 것 없이 그들을 만나 정신을 훌륭하게 가지라고 설득하는 일이 더 급하기 때문이오. 그들이 육신이나 돈에 관해 마음을 쓰도록 내버려 둘 수 없는 것도 그 이유요. 그래서 나는 하루하루가 바쁜 사람이오. 당신들도 돈이나 명예, 몸치장에 마음을 빼앗기는 일이 없어야 한다오."

소크라테스가 이같이 주장하고 다닐 무렵의 스파르타나 아테네는 그 생활 모습이 달랐다.

스파르타 사람들은 돈벌이나 일하는 것을 천하게 여겼다. 노예를 부리고 그들에게 일만 시키면 되었기 때문이다.

그러나 아테네에서는 상업이 발달하여 여러 가지 물건을 생산하여 무역을 하면서 돈 버는 일에 힘썼다.

그리고 이런 아테네 사람들의 욕심은 여러 동맹국에게 커다란 피해를 주었다. 나아가서는 전쟁의 한 원인이 되기도 했다.

소크라테스는 페르시아 전쟁이나, 펠로폰네소스 전쟁의 원인을 돈 때문이라고 보았다.

사실 나라 간이나 개인끼리의 분쟁과 대립과 다툼과 갈등은 모두 돈과의 이해 관계가 얽힌 때문인 것은 확실하다. 그래서 소크라테스는 돈이나 육신에 관해 관심을 갖지 말라고 말했다.

소크라테스가 돈보다 정신을 중히 여기고, 무지에서 깨어나 지혜를 찾아야 한다고 주장할 무렵의 그리스에서는, 많은 재산과 노예를 거느리고 신을 조상으로 내세우는 귀족과 재산을 적게 가진 평민과의 분쟁이 빈번했다.

이런 싸움을 막기 위해 일찍이 스파르타에서는 까다롭고 엄한 헌법을 만들기도 했다.

귀족들은 그들 중에서 2명의 왕과 28명의 원로들을 뽑았으며, 이들 30인이 모인 회의에서 정치를 해 나갔다.

한편 평민들은 민회를 구성하여 5명의 감독관을 뽑았다.

"험! 우리도 감투를 쓰니 그럴 듯한데."

"암, 옷이 날개란 말도 있잖아."

그리고 민회에서는 왕과 원로들을 감시하고 그들에게 잘못이 있을 때는 재판도 했다.

"네 죄를 알렷다?"

"헤, 닭 잡아먹고 오리발 내민 죄밖에 없는데."

법률을 만들 때는 원로 회의에서 기초를 작성하여 민회에서 투표로 결정했으며, 여기서 결정된 법률은 원로들과 감독관들의 이름으로 선포했다.

그러나 아테네의 정치는 스파르타와는 달랐다.

귀족과 평민이 구별됨이 없이 같은 자격으로 민회에 참가했고, 돌아가면서 정치를 했으며 추첨으로 재판을 맡아 보았다.

따라서 아테네의 귀족 중에는 은근히 스파르타의 법률을 좋아하는 사람도 있었다. 그런 반면에 아테네의 평민들은 아테네의 법을 훨씬 좋게 생각했다.

이래서 귀족과 평민 사이에는 보이지 않는 암투가 생겼고, 그런 암투는 펠로폰네소스 같은 큰 전쟁 중에도 계속되었으며 날이 갈수록 심해졌다.

스파르타 시 근교

귀족들은 어떠한 손해를 보건 말건 무조건 전쟁이 끝나기를 바랐다. 그러나 평민들은 어떠한 희생을 치르더라도 스파르타에게 항복할 수 없다고 맞섰다.

이 때 소크라테스는 귀족파도, 평민파도 아니었다.

소크라테스는 돈 많은 귀족들을 비난했다. 귀족들은 돈에만 정신을 쏟고 있을 뿐, 지혜와 정의는 존중되지 않는 세상을 만들고 있다고 말했다.

그런 형편에 나라가 어찌 분열되지 않겠느냐고 한탄했다.

"부자와 가난한 자의 세계로 분열되고, 그들은 서로 위협하며 살아갈 것이다."

그렇게 말한 소크라테스는 민주주의가 발전할 수 있는 조건에 대해서도 말했다.

"결코 민주주의란 가만히 있어도 되는 것이 아니라네. 민주주의를 꽃피우기 위해서는 눈물도 흘리고, 땀도 흘리고, 심지어 피도 흘려야 한다네. 어떤 자는 쫓겨나고, 어떤 자는 죽고, 그리하여 남은 사람들이 평등한 국민으로서 정치에 참여하게 될 때 참다운 민주주의가 자라게 된다네."

그리고 이렇게 발전된 민수수의 속에서도 독재 정지가 나올 수 있다고 걱정했다.

그런 다음 소크라테스는 독재자의 습성에 대해 다음과 같이 정의를 내렸다.

"대중들에 의해 독재자는 탄생한다. 대중들은 그들 앞에 내세운 사람을 절대적인 권력자로 만드는 습성이 있다. 그렇게 만들어진 독재자는 여러 사람들에게 달콤한 약속을 한다. 소위 공약이란 것이다. 가난에서 벗어나게 하고, 대중을 위해서라면 못 할 것이 없다고 약속한다. 그러다가 일단 권력만

잡으면 본성을 드러내기 시작한다. 자기를 따르지 않는 자는 감옥에 보내기도 하고, 죽이기도 한다. 조금이라도 바른말을 하거나 정의감이 있는 사람, 쓸모 있는 사람들은 한 사람도 남기지 않는다. 그것이 바로 독재자의 습성이다."

소크라테스는 그런 독재자가 발을 붙이지 못하게 하려면 최선의 정신에서 나온 최고의 지혜로 다스려야 한다고 했다.

그러므로 사람들은 언제나 최선의 것이 무엇인가를 찾도록 노력해야 한다고 주장했다.

또 그는 대중의 생각보다는 가장 지혜로운 자의 의견을 존중해야 한다고 주장했다.

"대중은 사람들을 지혜롭게 하거나 어리석게 만들 수 없다. 그들은 그때 그때마다 멋대로 행동한다."

"흥! 우리를 무시하다니! 그럼 당신이 가장 지혜로운 자요?"

그러나 당시 아테네는 대중들이 모든 일을 다수결로 처리했다.

"찬성이 과반수를 넘었으니 무신론자 처벌법을 공포합니다."

그래서 소크라테스는 아테네의 민주 정치 방법에 대해서 못마땅하게 생각했던 것으로 보인다. 그는 이렇게 중얼거렸다.

그리스 신화의 아폴론과 아르테미스 신이 태어난 델로스 섬

"참정치란 그게 아닌데……."

소크라테스는 민주파도 아니요, 귀족파도 아닌 사람이었다. 언제나 스스로 생각하고 스스로 판단해 가장 합당하다고 생각되는 결론만을 따르며 행동했다.

그러다 보니 소크라테스는 민주파에게도 반박을 받았고, 귀족들과도 충돌이 잦았다.

한편, 해전에서 아테네가 참패함으로써 펠로폰네소스의 길고 지리했던 전쟁은 스파르타의 승리로 끝났다.

그럼에도 불구하고 아테네의 민주파와 귀족파는 더 한층 분열을 일으켰다.

귀족파들은 스파르타의 협력 아래 30인 원로 회의 제도를 모방해서 30인이 이끄는 독재 정치를 시작했다.

그들은 민주파 사람들이 조금만 불평해도 잡아 가두었다. 그래서 민주파에 관련되었던 사람들은 그 수를 헤아릴 수 없을 정도로 많이 갇히거나 죽임을 당했다.

그 중에는 독재 정치를 피해서 아예 외국으로 탈출하는 사람도 있었다.

소크라테스에게 아폴론의 신탁을 전했던 소크라테스의 친구 카이레폰도 아테네를 탈출해서 외국으로 망명했다.

아테네 사람의 수는 점점 줄어 갔다.

독재자에게 잡혀서 죽는 자와 외국으로 탈출해 가는 자들이 너무 많았기 때문이었다.

그러나 소크라테스는 그 어떤 것도 생각함이 없이 아테네의 거리를 맨발로 돌아다녔다.

"국가란 배는 누가 고쳐야 합니까?"

그는 청년, 구두 수선공, 지게꾼, 대장장이, 목수, 석수장이 등 누구든지 만나서 대화했다.

그러나 30인이 이끄는 독재 정권은 오래 가지 못하고 민주파 세력들에 의해 무너지고 말았다.

그리하여 민주파 세력들이 정권을 잡고 정치를 했다.

"이젠 우리 민주파가 너희 독재파를 죽일 차례다. 독재파들을 모두 없애 버리자!"

그러나 아테네는 스파르타의 지배 아래에 있었기 때문에 민주파가 세운 정권도 역시 스파르타의 간섭을 받지 않으면 안 되었다.

스파르타는 아테네의 민주파 정권은 승인했지만 귀족파의 30인 정권에 대한 보복은 하지 못하게 했다.

민주파 정권에서는 귀족파 정권 때 저지른 죄악을 모두 용서해 주는 사면령을 내렸다. 정치에 관련된 것은 모두 용서해 준다는 뜻이었다.

그렇지만 민주파와 귀족파의 갈등과 대립은 심했으며, 보이지 않는 암투 속에 서로가 적개심을 품고 있었다.

그리하여 정치 문제가 아닌 다른 방법으로 많은 귀족파에 관련된 사람들을 처형했다.

여기에 소크라테스도 말려들었다.

아테네 사람들은 소크라테스가 귀족파 출신들과 친하며, 그들 대부분이 소크라테스의 제자라고 여겼다.

또 평민들은 귀족 출신들과 상대했던 대부분의 소피스트들을 미워했는데, 소크라테스도 같은 소피스트로 몰았다.

민주파 정권의 지도자는 아뉘토스였다. 그는 피혁을 만들던 기술자였다.

아뉘토스는 귀족 출신들을 없애려고 기회만 있으면 뒤에서 사람들을 설득하고 음모를 꾸몄다.

그래서 소크라테스에게도 일을 시켰다. 만약 안 들어 주면 꼬투리를 잡을 작정이었다.

그는 이미 추방당해 있는 귀족파 출신 가운데 소크라테스가 잘 아는 친구들만 골라 잡아 오라고 말했다.

"그런 부당한 짓은 못 하오!"

소크라테스는 단호히 거절했다.

"뭐, 내 청을 거절해? 멜레토스, 당장 놈을 고소해라!"

"시키는 대로 하겠습니다."

"멜레토스의 변호인으로는 뤼콘과 내가 직접 나서겠다."

아뉘토스는 기술자였지만 선동을 잘 하는 사람이었고, 뤼콘은 연설을 잘 하는 연설가였다.

소크라테스는 평소에 시인, 기술자, 연설가, 웅변가, 정치가 등에 대하여 '자기의 무지함을 모르는 자들'이라고 비판해 왔기 때문에 그들에게 미움과 반감을 샀다. 이 같은 이유가 얽히고설켜 민주파들의 고소를 당한 것이다.

정의를 위하고 인간을 바로 이끌기 위해 입바른 소리를 하며 자기의 뜻을 굽히지 않고 살아온 소크라테스는 끝내 법정에 서게 되었다.

법정에서의 변론

　기원전 399년은 소크라테스의 나이가 일흔 살이었으며, 그의 제자 플라톤이 스물여덟 살이 되던 해였다.
　소크라테스는 민주파의 수령 아뉘토스와 변론가 뤼콘을 등에 업은 멜레토스라고 하는 청년에 의해 고발당해 아테네의 법정에 섰다.
　이 때 고소한 내용을 적은 고소장 원본은 퍽 오랜 후세에까지 보관되어 전해졌다.

디오게네스 라에르티오스의 역사에 관한 책에 인용되어 있는 글을 보면 다음과 같다.

"소크라테스는 국가가 인정하는 신들을 인정하지 않고, 별도로 신기한 귀신의 제사를 도입한 죄를 범했으며, 청년들에게 해를 끼치는 말을 해 왔다. 그러므로 그 죄는 사형에 해당한다."

이와 같은 고소장을 멜레토스는 바시레우스라는 장관에게 제출했으며, 소크라테스는 정식으로 재판을 받게 되었다.

바시레우스는 일종의 예심을 하기 위해 피고인인 소크라테스를 불러 그의 말을 듣고 문서를 작성했다. 문서에는 선서를 읽은 것까지 기록해 두었다.

이 같은 조사서를 가지고 소크라테스를 공판에 붙였다.

당시 아테네의 법정에서는 배심원이 재판을 했다.

배심원은 일반 시민들 중에서 선출된 사람으로 원고와 피고의 논술이나 변론을 듣고 난 후에 유죄냐, 무죄냐를 표결에 붙여서 판결했다.

소크라테스의 재판을 맡은 시민들은 6천 명이었는데, 그 중에서 직접 재판을 담당할 재판관 501명을 뽑았다.

아테네의 민주 정치, 경제 활동의 무대였던 아고라 광장

고소인과 피고인 소크라테스는 501명의 재판관과 이 재판을 지켜보기 위해 몰려든 시민 앞에서 서로 자기의 주장을 내세워야 했다.

재판이 시작되자 순서에 따라 고소를 한 멜레토스가 먼저 소크라테스의 죄를 주장하는 논술을 시작했다.

소크라테스를 고소한 내용 가운데는 아낙사고라스와 함께 소크라테스를 자연 철학자라고 규정했으며, 크리티아스처럼 소피스트 정치가라고 몰아세웠다.

아낙사고라스는 해를 뜨거운 불에 불과한 것이라고 했고, 달을 차가운 흙에 불과하다고 주장하면서 그리스 신화나 신은 믿지 않았다.

크리티아스도 신화나 종교를 위해 인간이 있는 것은 아니라고 주장했다. 그래서 아낙사고라스는 신을 부정한 죄로 재판을 받아 아테네에서 추방당했으며, 독재자 크리티아스는 민주파의 적이 되어 있었다.

소크라테스도 신을 믿지 않는 같은 무리라고 여긴 것이다.

이 같은 고소 내용에 대하여 소크라테스는 변론했다.

소크라테스의 변론은 자기가 억울하다거나, 상대방의 고소 내용이 사실이 아니라는 변명보다는, 자기의 이야기를 듣는 사람을 가르치려는 듯한 것이었다.

"나는 신을 부정하는 자연 철학자도 소피스트도 아니오. 또 그들의 지식을 얕잡아 본 것도 아닙니다."

소크라테스는 자기의 뜻을 분명히 밝혔다.

"누구든지 참다운 지식을 가졌다면 그것을 가볍게 볼 까닭이 없습니다. 또 자연 철학자들도 그 지혜를 존중해야 된다고 봅니다. 그들 역시 인간 이상의 지혜를 가졌는지도 모르기 때문입니다."

"저 자가 지금 신을 부정하고 있잖아?"

"저 자는 분명 소피스트다."

이와 같은 소크라테스의 변론은 자신에게 불리하기만 했다.

그것은 자연 철학자들의 생각을 인정하는 것이고, 신을 믿지 않은 그들을 변명해 준 것이나 다름없는 말이었기 때문이다.

또한 소크라테스는 왜 자기가 소피스트로 소문이 퍼졌는가를 설명했다.

"여러분은 나의 친구 카이레폰이라는 사람을 잘 알고 있겠지요. 그는 나와 아주 친한 사이입니다. 그는 또한 여러분들과 같이 일하고 있는 민주파 사람이 아닙니까? 그는 델포이에 가서 '소크라테스보다 더 지혜 있는 사람은 없다.'는 신탁을 받아 왔습니다. 그는 이미 죽어서 이 자리에 나와 증인을 설 수 없게 되었지만, 마침 그의 형제가 여기 있으니 증인이 될 수 있을 것입니다."

이렇게 소크라테스는 증인을 내세우고 신탁을 받았던 이야기를 했다.

소크라테스는 계속해서 변론했다.

"나는 신에 대한 봉사보다도 더 큰 선을 행한 일은 없습니다.

그리고 내가 거리를 걸어다니면서 하는 일이란 다음과 같은 것뿐입니다. 즉 젊은이든, 늙은이든 그 어느 누구에게나 그들의 영혼이 훌륭하게 될 수 있도록 할 것이지, 육신이나 돈에 대해서는 신경 쓰지 말라는 이야기를 한 것입니다. 돈이란 아무리 쌓아 놓고 있어도 거기서 좋은 정신이 태어나는 것은 아니니까요. 돈이나 물건이 인간에게 좋도록 활용되려면 먼저 정신이 훌륭해야 합니다. 아테네 시민 여러분! 만약 나의 이야기가 청년들에게 나쁜 영향을 준다면 내가 한 말이 해로울지는 모르나, 나의 주장임에는 틀림없습니다. 그러니 아테네 시민 여러분들께서는 나의 이야기를 잘 이해하셔서 아뉘토스의 말을 좇거나 말거나 해 주십시오. 그리하여 나를 석방하건 석방하지 않건, 또 내가 몇 번씩 죽임을 당하는 일이 있건 간에, 이 일로 인하여 다른 일은 아니할 것입니다."

소크라테스는 자기의 죄를 가볍게 해 달라는 변론은 한 마디도 하지 않았다.

소크라테스는 자신이 이렇듯 변론하고 있는 이유는 아테네 사람들을 깨우쳐 그들이 잘못을 범하지 않고, 올바르게 살도록 하는 데 있다고 말했다.

소크라테스는 다시 법정에 모인 시민들을 향해 말했다.

"시민 여러분! 지금부터 내가 하는 말에 동요하지 말고 잘 들어 주십시오. 여러분! 만약 여러분이 나를 죽인다고 한다면, 그것은 나의 손해뿐만 아니라 여러분의 손해가 될 것입니다. 왜냐 하면 아뉘토스나, 멜레토스의 잘못을 말할 사람이 없어지기 때문입니다. 아테네 시민 여러분! 지금 내가 하고 있는 이 변론을 나 자신을 위해 하는 것이라고 생각하지 마십시오. 이 변론은 나를 위한 것이 아니라, 바로 시민 여러분을 위한 것입니다. 여러분이 나에게 유죄 판결을 내린다면 지금껏 신으로부터 받은 선물에 대해 잘못을 저지르게 되고 마는 것입니다. 만약 여러분이 나를 사형에 처한다면 두 번 다시 나와 같은 인간을 발견하기 어려울 것입니다."

이같이 변론한 소크라테스는 자기는 신의 뜻에 따라 아테네 같은 한 도시 국가에 부착된 사람이라고 주장했다.

그리고 자기를 '등에'에다 비유했다.

둔한 말 한 필이 있을 때 항상 정신을 차리고 있게 하기 위해서는 등에가 붙어 있어야 한다는 것이다. 등에는 말의 피를 빨므로 등에가 붙으면 말이 놀라기 때문이다.

다시 말해서 신은 소크라테스를 등에와 같은 존재로 아테네란 도시에 붙여 놓은 것이라고 비유했다.

소크라테스는 다시 변론을 시작했다.

"아테네 시민 여러분! 제가 멜레토스 때문에 불경죄를 추궁당하고 있는 일은 부당합니다. 나를 '신을 안 믿는 자'라고 고발했지만, 나는 분명 어느 누구보다도 신을 강하게 믿고 있으니까요. 그럼, 여러분을 위해서라도 최선의 판결이 되도록 여러분에게 맡깁니다. 또 신에게도 일임합니다."

이런 소크라테스의 변론이 끝나자 시민들은 유죄냐, 무죄냐를 가리기 위해 표결에 붙였다.

표결 결과는 유죄 281표, 무죄는 220표로 나왔다.

이 때의 아테네의 법은 유죄 판결이 난 뒤 형을 결정했다.

그래서 고소한 사람이 형을 결정하면 그 다음에 고소를 당한 소크라테스가 형을 제의하여 표결하도록 되어 있었다.

"내게 알맞은 형량은 시의 영빈관에서 식사 대접을 받는 것이오."

"뭐? 영빈관에서 식사 대접이라고? 다시 말해 벌이 아니라 예우를 해 달라는 뜻이로군."

"우리 소크라테스에게 사형을 구형합시다."

양측은 또다시 변론한 후 표결에 들어갔다.

"자, 조용히들 하시오. 표결 결과를 발표하겠습니다."

"나는 소크라테스에게 사형을 구형합니다. 사형 360표, 벌금 141표. 이로써 사형이 확정되었습니다."

"저 자를 감옥에 처넣으시오."

그러나 소크라테스의 친구 크리톤과 제자들은 벌금형을 강력히 주장했다.

소크라테스는 재판이 끝난 후 조용히 재판에 관한 평가와 예언을 했다.

아테네 시민에게는 '현명한 사람 소크라테스를 죽였다.'는 비판을 받을 것이라고 말했으며, 고소한 사람들을 향해서는 '나는 사형 판결에 복종합니다. 그러나 여러분들도 흉악범임을 판결받아야 합니다.'라고 했다.

또 유죄 판결을 내린 사람들에 대해서는 '여러분은 나의 비판을 받지 않으려 이런 짓을 했습니다. 그러나 내가 아니더라도 더 많이 비판하는 사람이 나올 것입니다. 비판에서 벗어나고 싶으면 좋은 사람이 되도록 노력하는 길뿐입니다.'라고 말했다.

끝으로 무죄 판결을 내린 사람에게는 이렇게 말한 후 감옥으로 갔다.

"여러분들은 참다운 재판관입니다. 죽음은 아무것도 없는 것입니다. 죽음을 두려워할 필요가 없습니다. 착한 사람에게는 살아 있거나 죽었거나 좋은 일만 있을 것입니다. 이제 우리들은 모두 떠날 시간이 되었습니다. 나는 죽으러 가고, 여러분들은 살러 갑니다. 여러분들은 아직도 무지하다는 것을 모르고 있습니다. 부디 잠에서 깨어나 올바른 삶을 누리기 바랍니다. 나와 여러분 중 어느 쪽이 더 행복한 곳으로 가는지에 대해서는 신만이 알 것입니다."

소크라테스가 법정을 향해 이런 인사말을 하고 감옥으로 들어간 지 한 달이 지났다.

사형을 곧 집행하지 않았던 것은 아폴론 신에게 제사를 지내는 기간이었기 때문이다.

이 기간 동안 그의 친구 크리톤이 소크라테스를 찾아왔다.

"크리톤, 어젯밤 나의 아내가 꿈에 나타나서 말했어. '오, 소크라테스여! 당신은 사흘만 있으면 저승의 행복한 고향에 가 있으리라!' 라고 말이야."

이 말을 듣고 크리톤은 탈출하라고 권유했다.

그러나 소크라테스는 조용히 말했다.

"사람은 아무렇게나 사는 것이 중요한 것이 아니야. 바르게 살아야 해, 바르게. 그리고 잘 산다는 것은 아름답게 살고 옳게 사는 것이라네."

소크라테스는 살기 위해 탈옥을 하는 것은 바른 삶이 아니라고 거절하며 말을 이었다.

"내가 만약 탈옥하여 다른 나라에 가서 산다면 아테네 법은 이렇게 말할 걸세. 소크라테스! 너는 악법도 법이니 지켜야 한다고 했지? 그래서 국외의 추방보다는 사형을 택하겠다고 당당히 말하지 않았나! 국법을 무시하고 도망을 가? 이 비겁한 자야! 너 자신은 어떻게 되고, 네 친구들의 목숨과 재산들은 어떻게 될까? 이탈리아로 간다고? 그 곳 사람들은 꼴사납게 소크라테스가 변장해 탈출해 왔다고 껄껄 웃지 않을 줄 아는가? 네가 주장했던 정의와 덕에 관한 이야기는 어떻게 될까?"

소크라테스는 크리톤에게 이렇게 말했다. 그리고는 국법을 어기고 도망을 간다면 죽어 저승에 가서도 부끄러움을 느낄 것이라고 덧붙였다.

이렇게까지 말하는 소크라테스에게 크리톤은 숙연한 자세로 말했다.

"소크라테스, 난 뭐라고 더 할 말이 없네."

드디어 소크라테스가 사형을 받아야 할 날이 왔다.

아폴론의 제사를 끝낸 배들이 돌아왔기 때문이다.

이 소식을 들은 소크라테스의 친구들과 아내 크산티페가 아이들을 데리고 감옥으로 왔다.

남편의 머리 위에 물벼락을 퍼부었던 크산티페, 세상 사람들이 악처라고 부르던 아내였지만 형장의 이슬로 사라질 남편을 보니 눈물이 솟구쳤다.

"여보! 당신이 떠나면 그 많은 친구들은 이제 누구와 대화를 나눌까요?"

"크리톤, 하인을 시켜 내 아내를 데려가 주게나. 나는 조용한 가운데 이야기하다가 죽고 싶다네."

아내가 떠난 후 소크라테스의 발은 쇠사슬에서 풀렸다.

그는 오랫동안 쇠사슬에 묶였던 발이 풀리자 시원한 기분이 들어 말했다.

"삶과 죽음은 서로 반대가 아닌가? 산 사람은 죽은 사람으로부터 나고, 죽은 사람은 산 사람으로부터 생기는 거라네. 죽음이란 영혼이 육체의 사슬에서 벗어나는 것이거든."

소크라테스는 하루 종일 친구들과 이야기를 나누었다.

그는 육체를 떠난 영혼이 있을까, 영혼은 사라지는 것일까, 영원한 것일까, 저승은 이승과 어떻게 다를까? 등에 대해 이야기했다.

소크라테스는 참으로 위대한 사람이었다. 죽음 앞에서도 결코 두려움을 보이지 않았다. 절제와 정의, 지혜와 용기, 자유와 진실을 위해 살아 온 성인임에 틀림없었다.

그는 독약을 마시기 전에 스스로 목욕을 했다.

죽고 나서 아낙네들이 몸을 씻는 수고를 덜기 위해서였다.

얼마 후 소크라테스는 사형 집행관이 갖고 온 독약을 받아 들고 말했다.

"어떻게 하는 건지 말해 주시오!"

"독약을 마신 후, 다리에 힘이 없어질 때까지 걷다가 누우십시오. 누운 다음 얼굴에 천을 덮으면 모든 것이 끝납니다."

소크라테스는 잔을 들어 독약을 마셨다.

독약을 마시는 그의 얼굴에는 평온함과 기쁨의 빛이 번지고 있었다.

이것을 본 친구들이 여기저기서 울음을 터뜨리자, 소크라테스는 그들을 나무랐다.

"조용히 해 주게. 부끄러운 모습일세. 아, 이제 다리에 힘이 빠지는구나. 점점 몸이 차가워지고 심장이 굳는 것 같구나. 크리톤! 내가 아스클레피오스에게 닭 한 마리를 빚지고 죽

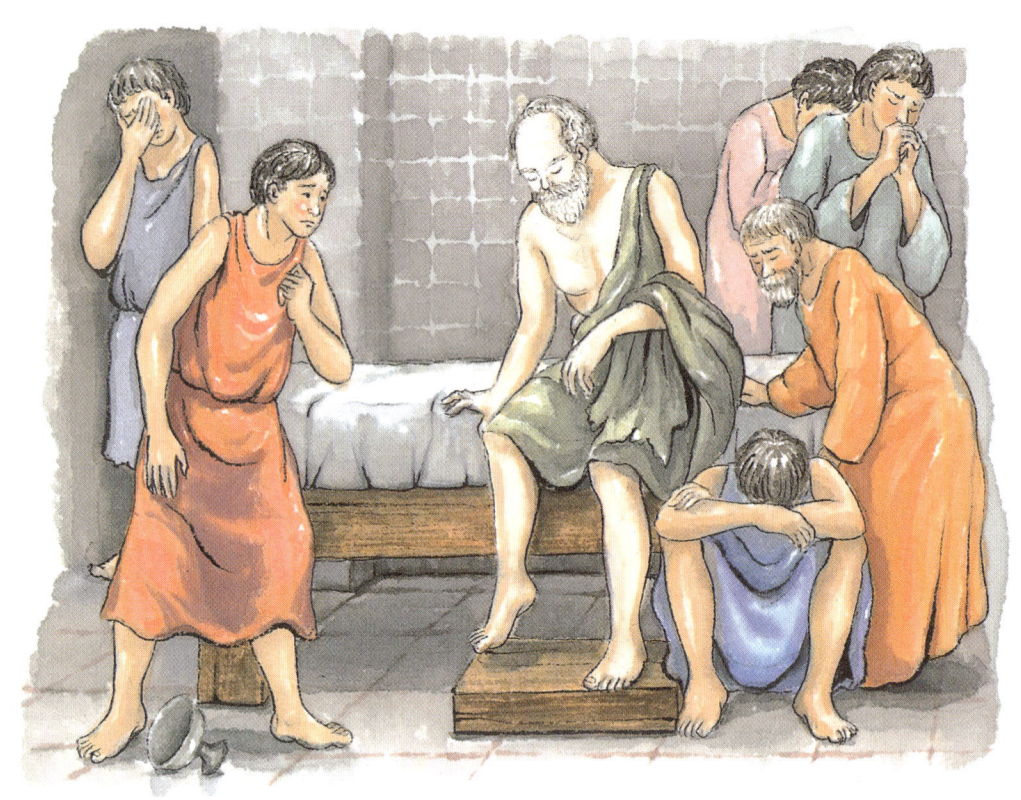

네. 자네가 대신 갚아 주게나. 꼭 부탁하네."

아스클레피오스는 병을 치료해 주는 신이었다. 병이 나았을 때에는 이 신에게 제물을 바치는 관례가 있었다. 그리고 닭은 가난한 사람이 그 신에게 바치는 선물이었다.

마침내 소크라테스는 이 세상을 떠났다.

세상의 어떠한 악에도 굽힘이 없이 올바르고 곧게 살다가 떠났다. 70년의 생애를 살면서 진리와 용기와 희망을 이 세상에 뿌리다가 간 성인이었다.

그러나 그 스스로는 한 편의 글도 남기지 않았다. 오직 말로써 줄기차게 지혜와 덕을 지니라고 가르치고 떠났다.

그러나 사라질 뻔했던 지혜로운 말과 고결한 삶의 모습은 그의 제자들에 의해 기록되어 오늘날까지 전해진다.

특히 그의 제자 가운데에서도 플라톤은 소크라테스의 사상과 철학을 더욱 깊이 뿌리내려 놓았다.

그는 스승을 다른 어떤 사람보다 깊게 이해하고, 받들면서 후세 사람들에게 스승의 사상을 전하는 데 노력했다.

그리하여 소크라테스는 이미 죽고 없지만 우리의 마음 속에는 영원히 살아남아 있는 것이다.

소크라테스의 생애
기원전 469~기원전 399

소크라테스는 기원전 469년 그리스의 아테네에서 태어났다.
열여덟 살 때 아낙사고라스의 제자인 아르켈라오스에게 학문을 배웠고, 거리를 돌아다니면서 사람들과의 대화를 통하여 철학 연구와 진리 설파에 힘을 기울였다. 예순두 살 때 플라톤을 만나 제자로 삼았고, 기원전 399년, 아테네의 민주파 지도자 아뉘토스의 고소로 재판을 받고 사형되었다.

Socrates

기원전 469년
고대 그리스의 도시 국가 아테네의 중류 가정에서 태어났다.
아버지는 석공이었다고는 하나 확실하지 않으며, 어머니는 산파였다고 한다.

기원전 451년
아낙사고라스의 제자인 아르켈라오스를 찾아가 학문을 배우기 시작했다.

기원전 449년
인간 문제에 관심을 기울여 아테네의 거리와 시장, 체육관 등에서 대화와 문답을 연구하며 지냈다. 파르테논 신전의 공사에도 참여했다.

기원전 432년
포테이다이아와의 전쟁이 일어나자 보병으로 참전하여 무공을 세웠다.

기원전 428년
거리에 나가 연설하며 사람들의 무지를 깨우치는 문답을 되풀이했다.

기원전 419년
훗날 악처로 소문난 크산티페와 결혼했다.

기원전 407년
'소크라테스 동아리'에서 플라톤을 만나 제자로 삼았다. 국가 정무 심의 위원회의 집행 위원을 지내기도 했다.

기원전 404년
부당한 재판에 항거하여 투쟁했으나 실패했다.

기원전 399년
국가와 신을 모독하고 민심을 소란시켰다는 이유로 체포되어 사형 선고를 받았다. 친구들과 제자들이 탈옥할 것을 권유했으나 거절하고 독배를 마시고 죽었다. 제자들에게 국가가 만든 것은 '악법도 법'이라는 유명한 말을 남겼다.

독배를 마시는 소크라테스(아테네에서 발견된 부조)

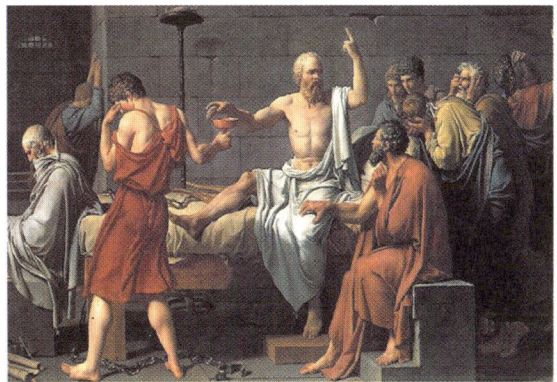
독배를 받기 전 친구들에게 이야기하는 소크라테스

헤라 신전 터에서 나온, 어린 디오니소스를 안고 서 있는 헤르메스의 상

아테네의 국립 고고학 박물관

디오니소스의 동지이며, 알키비아데스가 소크라테스와 닮았다고 말한 실레노스

소크라테스의 제자 플라톤

기원전 4세기경 그리스의 중무장한 병사

기원전 469 ~ 기원전 399
Socrates